CHE
GUEVARA

Textos
Revolucionários

CHE GUEVARA

Textos Revolucionários

São Paulo
2009

© Ernesto Che Guevara
3ª Edição, Global Editora, 1986
4ª Edição, Global Editora, São Paulo 2009

Diretor Editorial
Jefferson L. Alves

Gerente de Produção
Flávio Samuel

Coordenadora Editorial
Dida Bessana

Assistentes Editoriais
Alessandra Biral
João Reynaldo de Paiva

Revisão
Ana Cristina Teixeira

Tradução
Aton Fon Filho

Editoração Eletrônica
Spress

Imagem da Capa
Popperfoto/Getty Images

Dados Internacionais de Catalogação na Publicação (CIP)
(Câmara Brasileira do Livro, SP, Brasil)

Guevara, Ernesto, 1928-1967.
Textos revolucionários / Che Guevara, [tradução Aton Fon Filho]. – 4. ed. – São Paulo : Global, 2009.

Título original : Textos revolucionários
ISBN 978-85-260-1360-5

1. Comunismo - Cuba - Discursos, ensaios, conferências 2. Cuba - História - Revolução, 1959 – Discursos, ensaios, conferências 3. Guerrilhas - Discursos, ensaios, conferências I. Título

09-00236   CDD–972.91064

Índices para catálogo sistemático:
1. Cuba : Revolução, 1959 : História   972.91064
2. Revolução cubana, 1959 : História   972.91064

Direitos Reservados

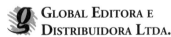

GLOBAL EDITORA E DISTRIBUIDORA LTDA.

Rua Pirapitingui, 111 – Liberdade
CEP 01508-020 – São Paulo – SP
Tel.: (11) 3277-7999 – Fax: (11) 3277-8141
e-mail: global@globaleditora.com.br
www.globaleditora.com.br

Colabore com a produção científica e cultural.
Proibida a reprodução total ou parcial desta obra sem a autorização do editor.

Nº DE CATÁLOGO: **1645**

Obra atualizada conforme o
Novo Acordo Ortográfico da Língua Portuguesa

SUMÁRIO

Capítulo 1. Até a vitória, sempre! – Fidel Castro 9

Capítulo 2. Guerra e população camponesa 20

Capítulo 3. Notas para o estudo da ideologia da Revolução Cubana 23

Capítulo 4. O quadro – coluna vertebral da revolução 31

Capítulo 5. O partido marxista-leninista 36

Capítulo 6. Sobre a construção do partido 44

Capítulo 7. Tática e estratégia da revolução latino-americana 54

Capítulo 8. Guerra de guerrilhas: um método 65

Capítulo 9. A influência da Revolução Cubana na América Latina 79

CAPÍTULO 1

Até a vitória, sempre!

COMPANHEIRAS E COMPANHEIROS REVOLUCIONÁRIOS:
Foi num dia do mês de julho ou agosto de 1955 que conhecemos Che. E em uma noite – como ele conta em suas narrativas – converteu-se num futuro expedicionário do *Granma*. Porém, naquela época, aquela expedição não tinha barco, armas nem tropas. E foi assim que, com Raúl, Che integrou o grupo dos dois primeiros da lista do *Granma*.

Doze anos se passaram desde essa noite, e foram doze anos carregados de lutas e de história. Ao longo desses anos, a morte cegou muitas vidas valiosas e irreparáveis. Por outro lado, porém, ao longo desses anos de nossa Revolução surgiram pessoas extraordinárias, que se forjaram entre os homens da Revolução, e entre os homens e o povo, laços de afeto e laços de amizade que ultrapassam toda expressão possível.

Nesta noite nos reunimos, vocês e nós, para tentar expressar de algum modo esses sentimentos com relação àquele que foi um dos mais familiares, um dos mais admirados, um dos mais queridos e, sem dúvida alguma, o mais extraordinário de nossos companheiros de revolução. Expressar esses sentimentos por ele e pelos heróis que com ele combateram, pelos heróis desse exército internacionalista que tombaram com ele, que estiveram escrevendo uma página gloriosa e inesquecível da história.

Che era uma pessoa a quem todos imediatamente se afeiçoavam, por sua simplicidade, seu caráter, sua naturalidade, seu companheirismo, sua personalidade, sua originalidade, mesmo quando ainda não conheciam as demais virtudes singulares que o caracterizaram.

Naqueles primeiros momentos, era ele o médico de nossa tropa. E dessa forma foram nascendo os laços e os sentimentos. Podia-se vê-lo impregnado de um profundo sentimento de ódio e desprezo ao imperialismo, não apenas porque sua formação política já adquiria um notável grau de desenvolvimento, mas porque havia muito pouco tempo tivera a oportunidade de presenciar, na Guatemala, a criminosa intervenção imperialista por meio de soldados mercenários que impediram a revolução naquele país.

Para um homem como ele não se necessitava de muitos argumentos. Bastava-lhe saber que Cuba vivia em uma situação semelhante, bastava-lhe saber que havia homens decididos a combater de armas na mão essa situação, e bastava-lhe saber que aqueles homens estavam inspirados em sentimentos genuinamente revolucionários e patrióticos. E isso era mais que suficiente.

Desse modo, um dia, em fins de novembro de 1956, empreendeu conosco a marcha rumo a Cuba. Recordo que aquela travessia foi muito dura para ele, já que, dadas as circunstâncias em que foi necessário organizar a partida, nem sequer pôde prover-se dos remédios de que necessitava, e fez toda a travessia sob forte ataque de asma, sem um único alívio, mas também sem uma única queixa.

Chegamos, empreendemos as primeiras marchas, sofremos o primeiro revés e, ao fim de algumas semanas, voltamos a nos reunir – como já sabem – com um grupo dos que restavam da expedição do *Granma*. Che continuava sendo o médico de nossa tropa.

Veio o primeiro combate vitorioso e Che já era soldado de nossa tropa e, ao mesmo tempo, era ainda o médico. Veio o segundo combate vitorioso e Che já não foi apenas um soldado, mas o mais destacado dos soldados nesse combate, realizando pela primeira vez uma daquelas proezas singulares que o caracterizavam em todas as ações. Nossa força continuou a se desenvolver, e deu-se um combate de extraordinária importância naquele momento.

A situação era difícil, as informações eram, em muitos sentidos, errôneas. Íamos atacar em pleno dia, ao amanhecer, uma posição fortemente defendida, à beira-mar, bem armada e com tropas inimigas à nossa retaguarda, numa distância não muito grande. E, em meio àquela situação confusa em que foi necessário pedir aos homens um esforço supremo, uma vez mais o companheiro Juan Almeida assumiu uma das missões mais difíceis. Restava, todavia, um dos flancos, completamente desprovido de forças, restava um flanco sem força atacante, o que podia pôr em risco a operação.

E naquele instante Che, que ainda era médico, pediu três ou quatro homens, entre eles um homem com um fuzil-metralhadora, e em questão de segundos empreendeu rapidamente a marcha para assumir a missão de ataque naquela direção.

Naquela ocasião não foi apenas um combatente destacado, mas também um destacado médico, prestando assistência aos companheiros feridos e assistindo, ainda, aos soldados inimigos feridos. E quando se fez necessário abandonar aquela posição, uma vez tomadas todas as armas, e empreender uma longa marcha, acossados por diferentes forças inimigas, foi necessário que alguém permanecesse junto aos feridos, e junto aos feridos Che permaneceu. Ajudado por um pequeno grupo de nossos soldados, ele os atendeu, salvou-lhes a vida e posteriormente incorporou-se com eles à coluna.

Já naquele instante surgia como um chefe capaz e valente, desse tipo de homens que, quando é preciso cumprir uma missão difícil, não espera que lhe peçam que a execute.

Assim o fez quando do combate do Uvero, mas também assim havia sido em outra ocasião quando, nos primeiros tempos, graças a uma traição, nossa pequena tropa foi atacada de surpresa por numerosos aviões e, quando nos retirávamos sob o bombardeio e já tínhamos caminhado um pedaço, lembramo-nos de alguns fuzis de uns soldados camponeses que tinham estado conosco nas primeiras ações e posteriormente tinham solicitado permissão para visitar seus familiares, quando ainda não havia em nosso incipiente exército muita disciplina. Naquele momento consideramos a possibilidade de que os fuzis se perdessem. Lembro-me de que imediatamente após ser levantada a questão, e ainda sob o bombardeio, Che se ofereceu e partiu imediatamente para recuperar os fuzis.

Essa era uma de suas características essenciais: a disposição imediata, instantânea, de oferecer-se para realizar a missão mais perigosa. E isso naturalmente gerava uma admiração, uma dupla admiração em relação àquele companheiro que lutava conosco, que não havia nascido nesta terra, que era um homem de ideias profundas, um homem em cuja mente dançavam sonhos de luta em outras partes do continente e, contudo, tinha aquele altruísmo, aquele interesse, aquela disposição para fazer sempre o mais difícil, para arriscar sua vida constantemente.

Foi assim que ganhou os postos de comandante e de chefe da segunda coluna que se organizou em Sierra Maestra. Foi assim que começou a crescer seu prestígio, que começou a assumir sua forma de magnífico combatente que o levou a alcançar os mais altos graus no decorrer da guerra.

Che era um soldado insuperável. Che era um chefe insuperável. Che era, do ponto de vista militar, um homem extraordinariamente capaz, extraordinariamente valoroso, extraordinariamente agressivo... Se, como guerrilheiro, tinha um calcanhar de aquiles, esse era sua excessiva agressividade, seu absoluto desprezo pelo perigo.

Os inimigos pretendem tirar conclusões de sua morte. Che era um mestre da guerra, Che era um artista da luta guerrilheira! E isso ele o demonstrou uma infinidades de vezes, mas o demonstrou sobretudo em duas proezas extraordinárias: a invasão à frente de uma coluna perseguida por milhares de soldados, através de território absolutamente plano e desconhecido, realizando, com Camilo, uma formidável façanha militar.

Mas, além disso, ele o demonstrou em sua fulminante campanha em Las Villas e sobretudo em seu audaz ataque à cidade de Santa Clara, onde penetra com uma coluna de apenas 300 homens, estando a cidade defendida por tanques, artilharia e vários milhares de soldados de infantaria.

Essas duas façanhas o consagram como um chefe extraordinariamente capaz, como um mestre, como um artista da guerra revolucionária. Todavia, a partir de sua morte heroica e gloriosa, pretendem negar a veracidade ou o valor de suas concepções e ideias guerrilheiras. Pode morrer o artista, principalmente quando se é artista de uma arte tão perigosa como a luta revolucionária, mas o que não morrerá de forma alguma é a arte à qual consagrou sua vida e à qual consagrou sua inteligência.

Que há de estranho em que esse artista morra em um combate? Muito mais extraordinário ainda é o fato de que, nas inúmeras ocasiões em que arriscou sua vida durante nossa luta revolucionária, não tivesse morrido em algum combate. E foram muitas as vezes em que precisamos agir para impedir que em ações de menor importância viesse a perder a vida.

E assim, em um combate, em um dos tantos combates que travou, perdeu a vida. Não temos elementos suficientes para fazer um julgamento sobre todas as circunstâncias que precederam esse combate, sobre até que ponto teria agido de maneira excessivamente agressiva, mas – repetimos –, se como guerrilheiro tinha um calcanhar de aquiles, era sua excessiva agressividade, seu absoluto desprezo pelo perigo.

É nesse ponto que é difícil concordar com ele, porque entendemos que sua vida, sua experiência, sua capacidade de chefe aguerrido, seu prestígio e tudo o que ele significava em vida era muito mais, incomparavelmente mais que a avaliação que talvez tenha feito de si mesmo. Pode ser que tenha influído profundamente em sua conduta a ideia de que os homens têm um valor relativo na história, a ideia de que as causas não são derrotadas quando os homens caem e que a irrefreável marcha da história não se detém nem se deterá ante a queda dos chefes.

E isso é certo, isso não se pode colocar em dúvida. Isso demonstra sua fé nos homens, sua fé nas ideias, sua fé no exemplo. Contudo – como disse há alguns dias –, gostaria, de todo o coração, de vê-lo forjando novas vitórias, forjando sob sua chefia, forjando sob sua direção, as vitórias, porque os homens de sua experiência, de sua dimensão, de sua capacidade realmente singular são homens pouco comuns.

Podemos apreciar todo o valor de seu exemplo e temos a mais absoluta certeza de que esse exemplo servirá de estímulo e servirá para que, do seio dos povos, surjam homens parecidos com ele.

Não é fácil conjugar em uma pessoa todas as virtudes que nele se conjugavam. Não é fácil que, de modo espontâneo, uma pessoa seja capaz de desenvolver uma personalidade como a dele. Diria que é desses tipos de homens difíceis de serem igualados e praticamente impossíveis de serem superados. Direi, porém, que homens como ele são capazes, com seu exemplo, de incentivar o surgimento de homens como ele.

Não admiramos apenas Che guerreiro, mas sim o homem capaz de grandes proezas. E o que ele fez, o que ele estava fazendo, o fato em si de, com apenas um punhado de homens, enfrentar todo um exército oligárquico instruído pelos assessores ianques, apoiado pelo imperialismo e por todas as oligarquias dos países vizinhos, esse fato, em si, constitui uma proeza extraordinária. E, se buscarmos nas páginas da história, possivelmente não encontraremos nenhum caso de alguém com um número tão reduzido de homens a empreender uma tarefa de tamanha envergadura, nenhum caso de alguém com um número tão reduzido de homens a empreender a luta contra forças tão consideráveis. Essa prova de confiança em si próprio, essa prova de confiança nos povos, essa prova de fé na capacidade dos homens para o combate pode ser buscada nas páginas da história e, contudo, nada de semelhante se encontrará.

E tombou.

Os inimigos acreditam ter derrotado suas ideias, ter derrotado sua concepção guerrilheira, ter derrotado seus pontos de vista sobre a luta revolucionária armada. E o que conseguiram foi, com um golpe de sorte, eliminar sua vida física. O que conseguiram foi conseguir as vantagens acidentais que um inimigo pode conseguir na guerra. E esse golpe de sorte não sabemos até que ponto foi conseguido devido a essa característica a que nos referimos anteriormente, a agressividade excessiva, o absoluto desprezo pelo perigo, em um combate igual a tantos outros.

Isso também aconteceu em nossa guerra de independência. Em um combate em Dois Rios mataram o Apóstolo de nossa independência. Em um combate em Ponta Brava mataram Antônio Maceo, veterano de centenas de combates. Em combates semelhantes, morreram infinidades de patriotas da nossa guerra de independência. E, contudo, isso não causou a derrota da causa cubana.

A morte de Che – como disse há alguns dias – é um duro golpe, é um golpe tremendo para o movimento revolucionário, porque o priva, sem dúvida, de seu chefe mais experimentado e capaz.

Mas estão enganados os que cantam vitória. Enganam-se os que creem que sua morte é a morte de suas ideias, a derrota de suas táticas, a derrota de suas concepções guerrilheiras, a derrota de suas teses. Porque aquele homem que caiu como homem mortal, como homem que se expunha muitas vezes às balas, como militar, como chefe, é mil vezes mais capaz que aqueles que, com um golpe de sorte, o mataram.

Mas, como devem os revolucionários enfrentar esse golpe adverso? Como devem enfrentar essa perda?

Qual seria a opinião de Che se tivesse de emiti-la sobre esse assunto? Essa opinião ele a deu, essa opinião ele a expressou com toda clareza quando escreveu em sua Mensagem à Conferência de Solidariedade Latino-Americana que, se em algum lugar o surpreendesse a morte, bem-vinda fosse, sempre que esse seu grito de guerra chegasse a ouvidos receptivos e outra mão se estendesse para empunhar a arma.

Mas, esse seu grito de guerra chegará não a um ouvido receptivo, chegará a "milhões" de ouvidos receptivos! E não apenas uma, mas milhares de mãos estender-se-ão para empunhar as armas! Novos chefes surgirão, e os homens, os ouvidos receptivos, as mãos que se estenderem precisarão de chefes que surgirão do povo, como surgiram do povo os chefes em todas as revoluções.

Essas mãos não contarão com um chefe com a experiência extraordinária de Che, com a enorme capacidade de Che. Esses chefes hão de se formar no processo da luta, esses chefes surgirão do seio dos milhões de ouvidos receptivos, de milhões de mãos que, mais cedo ou mais tarde, hão de se estender para empunhar as armas. Não significa que achemos que na ordem prática da luta revolucionária sua morte venha a ter uma repercussão imediata. Acontece que Che, quando empunhou de novo as armas, não estava pensando em um triunfo rápido diante das forças das oligarquias e do imperialismo. Sua mente de combatente experimentado estava preparada para uma luta prolongada de cinco, dez, 15, de 20 anos se fosse preciso. Ele estava decidido a lutar cinco, dez, 15, 20 anos, a vida toda se fosse necessário!

E é com essa perspectiva no tempo que sua morte, que seu exemplo – que é como devemos dizer –, terá uma repercussão tremenda, terá uma força invencível.

Será em vão a tentativa daqueles que se aferram ao golpe de sorte de negar sua capacidade como chefe e sua experiência. Che era um chefe militar extraordinariamente capaz. Mas quando nos lembramos de Che, quando pensamos em Che, não estamos pensando fundamentalmente em suas virtudes militares. Não! A guerra é um meio, não um fim. A guerra é um instrumento dos revolucionários.

O que importa é a revolução, o importante é a causa revolucionária, as ideias revolucionárias, os objetivos revolucionários, os sentimentos revolucionários, as virtudes revolucionárias! E é nesse campo, no campo das ideias, no campo dos sentimentos, no campo das virtudes revolucionárias, no campo da inteligência, além de suas virtudes militares, que sentimos o quanto sua morte significa para o movimento revolucionário.

Porque Che reunia em sua extraordinária personalidade virtudes que raramente aparecem juntas. Ele se destacou como homem de ação insuperável, mas Che não era apenas um homem de ação insuperável; Che era um homem de pensamento profundo, de inteligência visionária, um homem de profunda cultura. Isso significa que reunia em si o homem de ideias e o homem de ação.

Mas Che não tinha apenas essa dupla característica de ser homem de ideias – e de ideias profundas – e de ser homem de ação. Além disso, Che reunia, como revolucionário, as virtudes que podem ser definidas como a mais completa reunião de virtudes de um revolucionário: homem de integridade inatacável, homem de suprema honradez, de sinceridade absoluta, de vida estoica e espartana, homem em cuja conduta não se pode encontrar uma única mancha. Por suas virtudes, constituiu o que pode ser chamado de um verdadeiro modelo de revolucionário.

É comum que, quando da morte dos homens, se façam discursos, destaquem-se virtudes, mas poucas vezes como nesta ocasião poder-se-á dizer de um homem, com mais exatidão, com mais justiça, o que dizemos de Che: constituiu-se em verdadeiro exemplo de virtudes revolucionárias! Mas ainda outra qualidade se lhe acrescentava, e não é uma qualidade do intelecto, não é uma qualidade da vontade, não é uma qualidade derivada da experiência, da luta, mas uma qualidade do coração. Porque Che era um homem extraordinariamente humano, extraordinariamente sensível! Por isso dizemos, quando pensamos em sua vida, quando pensamos em sua conduta, que constituiu o caso único de um homem raríssimo capaz de conjugar em sua personalidade características de homem de ação, mas também as de homem de pensamento, de homem de imaculadas virtudes revolucionárias e de extraordinária sensibilidade humana unidas a um caráter de ferro, a uma vontade de aço, a uma tenacidade indomável. E por isso legou às gerações futuras não apenas sua experiência, seus conhecimentos como soldado destacado, mas, ao mesmo tempo, as obras de sua inteligência. Escrevia com o virtuosismo de um clássico. Suas narrativas da guerra são insuperáveis, a profundidade de seu pensamento é impressionante. Nunca escreveu sobre nenhum assunto que não o fizesse com extraordinária seriedade, com extraordinária profundidade. Alguns de seus escritos, sem dúvida alguma, passarão para a posteridade como documentos clássicos do pensamento revolucionário.

E assim, como fruto dessa inteligência vigorosa e profunda, deixou-nos uma infinidade de recordações, infinidade de relatos que, sem seu trabalho, sem seu esforço, talvez se tivessem perdido para sempre.

Trabalhador infatigável, durante os anos em que esteve a serviço de nossa pátria não conheceu um só dia de descanso. Muitas foram as responsabilidades que lhe foram atribuídas: presidente do Banco Nacional, diretor da Junta de Planificação, ministro da Indústria, comandante de regiões militares, chefe de delegações políticas, econômicas e de missões de caráter fraternal.

Com sua inteligência dotada de múltiplas facetas era capaz de desempenhar com o máximo de segurança qualquer tarefa, em qualquer domínio, em qualquer sentido. E assim, de maneira brilhante, representou nossa pátria em numerosas conferências internacionais, do mesmo modo que dirigiu brilhantemente os soldados no combate, do mesmo modo que foi um modelo de trabalhador à frente de qualquer instituição por que tenha passado. E para ele não houve dias de descanso, para ele não houve horas de descanso!

Se olhássemos para as janelas de sua sala de trabalho, víamos que as luzes permaneciam acesas até altas horas da noite, com ele estudando, ou melhor, trabalhando e estudando, porque era um estudioso de todos os problemas, era um leitor infatigável. Sua sede de abarcar conhecimentos humanos era praticamente insaciável, e as horas que podia arrebatar ao sono eram dedicadas ao estudo. Ele dedicava os dias regulamentares de descanso ao trabalho voluntário. Foi ele o inspirador e o impulsionador maior desse trabalho que hoje se constitui em atividade de centenas de milhares de pessoas em todo o país, o impulsionador dessa atividade que a cada dia ganha maior força entre as massas de nosso povo.

Como revolucionário, como revolucionário comunista, verdadeiramente comunista, tinha uma infinita fé nos valores morais, tinha uma fé infinita na consciência dos homens. É preciso que se diga, em sua concepção viu com absoluta clareza que os estímulos morais eram a alavanca fundamental da construção do comunismo na sociedade humana.

Ele pensou, desenvolveu e escreveu muitas coisas. E se há algo que se deva dizer em um dia como hoje é que os escritos de Che, o pensamento político e revolucionário de Che terão um valor permanente no processo revolucionário cubano e no processo revolucionário da América Latina. Não temos dúvida de que o valor de suas ideias, tanto como homem de ação quanto como homem de pensamento, como homem de claras virtudes morais, como homem de insuperável sensibilidade humana, como homem de conduta moral inatacável, tem e terá um valor universal. Os imperialistas cantam vitória ante o guerrilheiro morto em combate. Os imperialistas cantam vitória ante o golpe de sorte que os levou a eliminar tão formidável homem de ação. Mas os imperialistas talvez ignorem ou pretendam ignorar que o caráter de homem de ação era apenas uma das tantas facetas da personalidade desse combatente. Mas como de dor se trata, dói-nos não somente a perda do homem de ação, dói-nos a perda do homem virtuoso, dói-nos a perda de um homem de singular sensibilidade humana e nos dói pensar que Che tinha apenas 39 anos no momento de sua morte, dói-nos pensar quantos frutos dessa experiência e dessa inteligência, que se desenvolvia ainda mais, não teremos oportunidade de conhecer.

Temos consciência da enormidade da perda para o movimento revolucionário, mas é justamente aí que reside a fraqueza do inimigo imperialista: acreditar que liquidou, com o homem, seu pensamento, suas ideias, suas virtudes, seu exemplo. E o acreditam com tal despudor que não vacilam em publicar, como a coisa mais natural do mundo, as circunstâncias, já quase universalmente aceitas, em que o executaram após ter sido gravemente ferido em combate. Nem sequer repararam como é repugnante tal procedimento, nem sequer repararam no despudor do reconhecimento. Divulgaram-no como se fosse um direito dos esbirros, como se fosse um direito dos oligarcas e dos mercenários disparar contra um combatente revolucionário gravemente ferido. E o pior é que chegam a explicar por que o fizeram, alegando que seria terrível o processo de Che, alegando que seria impossível pôr no banco de um tribunal semelhante revolucionário.

Mas não apenas isso: não vacilaram em fazer desaparecer seus restos e, verdade ou mentira, o fato é que anunciaram ter incinerado seu cadáver. Com isso, demonstram seu medo; com isso, demonstram que não estão muito convencidos de que liquidando a vida física do combatente liquidam suas ideias e seu exemplo.

Che não tombou defendendo outros interesses, defendendo outra causa que não a dos explorados e oprimidos deste continente; Che não tombou defendendo outra causa que não a dos pobres e dos humildes desta terra, e a maneira exemplar e o desinteresse com que defendeu essa causa nem mesmo seus mais encarniçados inimigos ousam contestar.

Perante a história, os homens que atuam como ele, os homens que tudo fazem e tudo dão pela causa dos humildes agigantam-se a cada dia que passa, e cada dia penetram mais rapidamente no coração dos povos. Os inimigos imperialistas já começam a perceber isso e não tardarão a comprovar que a morte de Che será, a longo prazo, como uma semente da qual surgirão muitos homens decididos a seguir seu exemplo.

Estamos absolutamente convencidos de que a causa revolucionária neste continente vai se refazer do golpe, que a causa revolucionária neste continente não será derrotada por esse golpe.

Do ponto de vista revolucionário, do ponto de vista de nosso povo, como devemos encarar o exemplo de Che? Devemos pensar que o perdemos? É certo que não voltaremos a ver novos escritos seus, é certo que não voltaremos a escutar de novo sua voz. Mas Che deixou para o mundo um patrimônio, um enorme patrimônio, e desse patrimônio podemos – nós que o conhecemos tão de perto – ser, em grau considerável, seus herdeiros.

Ele nos deixou seu pensamento revolucionário, deixou-nos suas virtudes revolucionárias, deixou-nos seu caráter, sua vontade, sua tenacidade, seu espírito de trabalho. Em uma palavra, deixou-nos seu exemplo! E o exemplo de Che deve ser um modelo para nosso povo, o exemplo de Che deve ser o modelo ideal para nosso povo!

Se quisermos expressar como desejamos que sejam nossos combatentes revolucionários, nossos militantes, nossos homens, devemos dizer sem nenhum tipo de vacilação: que sejam como Che! Se quisermos expressar como queremos que sejam os homens das futuras gerações, devemos dizer: que sejam como Che! Se quisermos dizer como desejamos que sejam educadas nossas crianças, devemos dizer sem vacilação: queremos que sejam educadas no espírito de Che! Se quisermos um modelo de homem que não pertence a este tempo, um modelo de homem que pertence ao futuro, de todo coração afirmo que esse modelo sem uma única mancha em sua conduta, sem uma única mancha em suas atitudes, sem uma única mancha em sua atuação, esse modelo é Che! Se quisermos dizer como desejamos que sejam nossos filhos, devemos dizer de todo coração de veementes revolucionários: queremos que sejam como Che!

Che converteu-se em um modelo de homem não apenas para nosso povo, mas para todos os povos da América Latina. Che levou sua mais alta expressão o estoicismo revolucionário, o espírito revolucionário de sacrifício, a combatividade do revolucionário, o espírito de trabalho do revolucionário, e Che levou as ideias do marxismo-leninismo à sua expressão mais renovada, mais pura, mais revolucionária. Ninguém como ele nestes tempos levou mais alto o espírito do internacionalismo proletário!

Quando se falar de internacionalismo proletário, quando se buscar um exemplo de internacionalista proletário, esse exemplo, mais do que qualquer outro, será o exemplo de Che! De seu coração e de sua mente tinham desaparecido as bandeiras, os preconceitos, o chauvinismo, os egoísmos, e seu sangue generoso ele estava disposto a verter pela felicidade de qualquer povo. E a vertê-lo espontaneamente, e a vertê-lo a qualquer momento! E foi assim que seu sangue se derramou nesta terra quando foi ferido em diversos combates. Seu sangue derramou-se na Bolívia pela redenção dos explorados e dos oprimidos, dos humildes e dos pobres. Esse sangue foi derramado por todos os explorados, por todos os oprimidos; esse sangue foi derramado por todos os povos da América e foi derramado pelo Vietnã, porque lá na Bolívia, combatendo contra as oligarquias, combatendo contra o imperialismo, sabia que oferecia ao Vietnã a mais alta expressão de sua solidariedade!

É por isso, companheiros e companheiras da Revolução, que devemos encarar com firmeza e decisão o porvir. E buscaremos sempre no exemplo de Che a inspiração, a inspiração na luta, a inspiração na tenacidade, a inspiração na intransigência diante do inimigo e a inspiração no sentimento internacionalista!

É por isso que nós, na noite de hoje, ao final desse impressionante ato, depois dessa incrível – por sua magnitude, por sua disciplina e por sua devoção – demonstração de reconhecimento que bem mostra como este é um povo sensível, que mostra como este é um povo agradecido, que mostra como este povo sabe honrar a memória dos valentes tombados no combate, que mostra como este povo sabe ser reconhecido aos que o servem, que mostra como este povo se solidariza com a luta revolucionária, como este povo levanta e manterá sempre erguidas, e cada vez mais alto, as bandeiras revolucionárias e elevará os princípios revolucionários; hoje, neste instante de recordação, elevemos nosso pensamento e, com confiança no futuro, com confiança absoluta na vitória definitiva dos povos, digamos a Che, e com ele aos heróis que combateram e tombaram com ele: Até a vitória, sempre!

Pátria ou morte! Venceremos!

(Discurso pronunciado por Fidel Castro no velório solene em memória do comandante Ernesto Che Guevara, na Praça da Revolução, Havana, em 18 de outubro de 1967. O título foi extraído da edição de *Ernesto Che Guevara, escritos y discursos*, Editorial de Ciências Sociales, Havana, 1977.)

CAPÍTULO 2

Guerra e população camponesa

VIVER CONTINUAMENTE EM ESTADO DE GUERRA cria na consciência do povo uma atitude mental de adaptação a esse fenômeno novo. É um processo longo e doloroso de adaptação do indivíduo para resistir à amarga experiência que ameaça sua tranquilidade. A Sierra Maestra e outras novas zonas libertadas também tiveram de passar por essa amarga experiência.

A situação camponesa nas zonas agrestes da serrania era simplesmente espantosa. O colono, vindo de regiões distantes em busca de libertação, dobrara as costas sobre as covas de que arrancava seu sustento. Com mil sacrifícios tinha feito surgir das montanhas empinadas, onde é um sacrifício a passagem de tudo o que seja novo, as matas de café. Sempre com seu suor individual, respondendo à necessidade secular do homem de ser dono de seu pedaço de terra, trabalhando com infinito amor; esse penhasco hostil que tratava como uma parte de si mesmo. Logo que os arbustos de café começavam a florir com o grão que era sua esperança, aparecia um novo dono das terras. Era uma companhia estrangeira, um grileiro local ou algum especulador que inventava a dívida necessária. Os caciques – políticos, os chefes dos destacamentos – trabalhavam como empregados da companhia ou do grileiro, prendendo ou assassinando qualquer camponês demasiado rebelde às arbitrariedades. Foi esse panorama de ruína e desolação que encontramos para juntar com a derrota, produto de nossa inexperiência, em Alegria de Pio (nosso único revés nessa longa campanha, nossa cruel lição de luta guerrilheira). O campesinato viu naqueles homens macilentos, cujas barbas, hoje legendárias, começavam a aflorar, um companheiro de infortúnio, um novo atingido pelas forças repressivas, e nos deu sua ajuda espontânea e desinteressada, sem esperar nada dos vencidos.

Os dias passaram e nossa pequena tropa de agora, aguerridos soldados, manteve os triunfos de La Plata e Palma Mocha. O regime reagiu com toda sua brutalidade e iniciou o assassinato em massa de camponeses. O terror desabou sobre os vales agrestes de Sierra Maestra, e os camponeses retrairam-se; uma barreira de desconfiança mútua surgia entre eles e os guerrilheiros, aqueles, por medo das represálias, estes, por medo da traição dos temerosos. Nossa política, porém, foi justa e compreensiva, e a população camponesa recomeçou a voltar-se para nossa causa.

Em seu desespero e em seu crime, a ditadura ordenou a reconcentração de milhares de famílias camponesas de Sierra Maestra nas cidades.

Os homens mais fortes e decididos e quase todos os jovens preferiram a liberdade e a guerra à escravidão e à cidade. Imensas caravanas de mulheres, crianças e anciãos peregrinaram pelos caminhos serpenteantes onde tinham nascido, desceram à planície e foram amontoados na periferia das cidades. Pela segunda vez Cuba vivia a página mais criminosa de sua história, a reconcentração. Primeiro foi Weyler, o sanguinário personagem da Espanha colonial, que o ordenou; agora, quem o mandava era Fulgêncio Batista, o pior dos traidores e assassinos que a América conheceu. A fome, a miséria, as doenças, as epidemias e a morte dizimaram os camponeses concentrados pela tirania. Crianças morreram por falta de cuidados médicos e alimentação quando a alguns passos estavam os recursos que poderiam salvar a vida delas. O protesto indignado do povo cubano, o escândalo internacional e a impotência da ditadura para derrotar os rebeldes obrigaram o tirano a suspender a concentração das famílias camponesas de Sierra Maestra. E de novo voltaram às terras onde tinham nascido, miseráveis, doentes e dizimados, os camponeses de Sierra. Se antes tinham sofrido os bombardeios da ditadura, a queima de sua choupana e o assassinato em massa, agora tinham conhecido a desumanidade e a barbárie de um regime que os tratou pior do que a Espanha colonial tratou os cubanos da guerra da independência. Batista tinha superado Weyler.

Os camponeses voltaram com uma decisão inquebrantável de lutar até vencer ou morrer, rebeldes até a morte ou a liberdade.

Nossa pequena guerrilha de extração urbana começou a colorir-se de chapéus de palha; o povo perdia o medo, decidia-se a lutar, tomava decididamente o caminho de sina da redenção. Nessa mudança coincidiam nossa política em relação ao campesinato e aos nossos triunfos militares, que nos mostravam como uma força imbatível na Sierra Maestra.

Dada a opção, todos os camponeses escolheram o caminho da revolução. A mudança de caráter de que falávamos antes mostrava-se agora em toda sua plenitude: a guerra era um fato doloroso, sim, mas transitório; a guerra era um estado definitivo no qual o indivíduo devia adaptar-se para sobreviver. Quando a população camponesa o compreendeu, iniciou as tarefas de enfrentamento das circunstâncias adversas que se apresentariam.

Os camponeses voltaram a suas glebas abandonadas, suspenderam o sacrifício de seus animais, guardando-os para horas piores, e se adaptaram também aos metralhamentos brutais, cada família criando seu próprio refúgio individual. Também se adaptaram às fugas periódicas das zonas de guerra com a família, gado e utensílios, deixando apenas a choupana para que o inimigo cevasse seu ódio convertendo-a em cinzas. Habituaram-se à reconstrução de sua antiga casa sobre as ruínas fumegantes, sem queixas, apenas com ódio concentrado e vontade de vencer.

Quando se iniciou a partilha de reses para lutar contra o cerco alimentício da ditadura, trataram seus animais com solicitude amorosa e trabalharam em grupos, estabelecendo verdadeiras cooperativas para transportar o gado para lugar seguro, doando seus pastos e seus animais de carga para o esforço comum.

Em um novo milagre da revolução, o individualista ferrenho que cuidava ciumentamente dos limites de sua propriedade e de seu direito particular unia-se, por imposição da guerra, ao grande esforço comum da luta. Mas há um milagre maior, que é o reencontro do camponês cubano com sua alegria habitual nas zonas libertadas. Quem testemunhou os escassos cochichos com que nossas forças eram recebidas em cada casa camponesa percebe com orgulho o grito despreocupado, a gargalhada alegre do novo habitante de Sierra. Esse é o reflexo da segurança em si mesmo que a consciência de sua própria força deu aos habitantes de nossa região libertada. Essa é nossa futura tarefa: devolver ao povo de Cuba a ideia de sua própria força, da certeza absoluta de que seus direitos individuais, respaldados pela Constituição, são seu maior tesouro. Mais ainda que o dobrar dos sinos, o retorno da gargalhada alegre, de despreocupada segurança, que o povo cubano perdeu, anunciará a libertação.

(Publicado em *Revolución*, 26 de julho de 1969)

CAPÍTULO 3

Notas para o estudo da ideologia da Revolução Cubana

ESTA É UMA REVOLUÇÃO SINGULAR em que alguns viram uma contradição com uma das premissas mais ortodoxas do movimento revolucionário, assim expressa por Lenin: "Sem teoria revolucionária, não há movimento revolucionário". Convém dizer que a teoria revolucionária, como expressão de uma verdade social, está acima de qualquer enunciado, isto é, a revolução pode ser feita se a realidade histórica for interpretada corretamente e se forem corretamente utilizadas as forças que nela intervêm, mesmo que se desconheça a teoria. É claro que o conhecimento adequado desta simplifica a tarefa e impede que se caia em erros perigosos, sempre que essa teoria enunciada corresponda à verdade. Além disso, falando concretamente desta revolução, é preciso sublinhar que seus atores principais não eram exatamente teóricos, mas também não eram ignorantes dos fenômenos sociais e dos enunciados das leis que os regem. Isso fez que, alicerçados em alguns conhecimentos teóricos e no profundo conhecimento da realidade, pudessem ir criando uma teoria revolucionária.

O que foi dito deve ser considerado um introito à explicação desse fenômeno curioso que intriga todo mundo: a Revolução Cubana. O modo e os motivos que levaram um grupo de homens destroçados por um exército infinitamente superior em técnica e equipamento a conseguir, primeiro, sobreviver, tornar-se forte, em seguida, mais forte que o inimigo, mais tarde, emigrar para novas zonas de combate, posteriormente, para derrotá-lo afinal em batalhas campais, embora com tropas muito inferiores numericamente, são fatos dignos de estudo na história do mundo contemporâneo.

Naturalmente, à medida que não mostramos a devida preocupação com a teoria, não viremos, hoje, expor, como seus donos, a verdade da Revolução Cubana.

Buscamos, simplesmente, dar as bases para que se possa interpretar essa verdade. De fato, é preciso separar, na Revolução Cubana, duas etapas absolutamente diferentes: a da ação política armada até 1º de janeiro de 1959 e a da transformação política, econômica e social subsequente.

Mesmo essas duas etapas merecem subdivisões sucessivas, mas não as faremos do ponto de vista da exposição histórica, e sim do ponto de vista da evolução do pensamento revolucionário de seus dirigentes por intermédio do contato com o povo. Incidentalmente, é preciso introduzir aqui um posicionamento geral diante de um dos elementos mais controvertidos do mundo moderno: o marxismo. Nossa posição quando nos perguntam se somos ou não marxistas é a mesma que teria um físico a quem perguntassem se é "newtoniano", ou um biólogo indagado se é "pasteuriano".

Existem verdades tão evidentes, tão incorporadas ao conhecimento dos povos, que já se tornou inútil discuti-las. Deve-se ser "marxista" com a mesma naturalidade com que se é "newtoniano" em física ou "pasteuriano" em biologia, considerando que, se novos fatos determinam novos conceitos, nunca perderão sua parte de verdade os que já aconteceram. É o caso, por exemplo, da relatividade einsteniana ou da teoria dos *quanta* de Max Planck com relação às descobertas de Newton; isso, contudo, absolutamente nada tira da grandeza do sábio inglês. Foi graças a Newton que a física pôde avançar até atingir os novos conceitos de espaço. O sábio inglês foi o degrau necessário para isso.

Podem-se apontar em Marx, pensador e pesquisador das doutrinas sociais e do sistema capitalista que lhe coube viver, determinadas incorreções. Nós, os latino-americanos, podemos, por exemplo, não concordar com sua interpretação de Bolívar ou com a análise que ele e Engels fizeram dos mexicanos, inclusive admitindo determinadas teorias das raças e nacionalidades hoje inadmissíveis. Mas os grandes homens, descobridores de verdades luminosas, vivem apesar de suas pequenas faltas, e estas servem apenas para nos demonstrar que são humanos, isto é, seres que podem incorrer em erros, mesmo com a clara consciência da grandeza atingida por esses gigantes do pensamento. É por isso que reconhecemos as verdades essenciais do marxismo como incorporadas ao acervo cultural e científico dos povos e o tomamos com a naturalidade que nos dá algo que já dispensa discussões.

Os avanços na ciência social e política, como em outros campos, pertencem a um longo processo histórico cujos elos se encadeiam, somam-se e se aperfeiçoam constantemente. Inicialmente havia uma matemática chinesa, árabe ou hindu; hoje a matemática não tem fronteiras. Em sua história, cabe um Pitágoras grego, um Galileu italiano, um Newton inglês, um Gauss alemão, um Lobatchevski russo, um Einstein etc. Da mesma forma, no campo das ciências sociais, desde Demócrito até Marx, uma longa série de pensadores acrescentaram suas pesquisas originais e acumularam um corpo de experiências e de doutrinas.

O mérito de Marx é que produz imediatamente na história do pensamento humano uma mudança qualitativa; interpreta a história, compreende sua dinâmica, prevê o futuro, mas, além de prevê-lo, e aí cessaria sua obrigação científica, expressa um conceito revolucionário: não basta interpretar a natureza, é preciso transformá-la. O homem deixa de ser escravo e se converte em arquiteto de seu próprio destino. Nesse momento, Marx converte-se em alvo obrigatório de todos aqueles que têm interesse especial em manter o velho, da mesma forma que ocorrera antes a Demócrito, cuja obra foi queimada pelo próprio Platão e seus discípulos, ideólogos da aristocracia escravista ateniense.

A partir de Marx revolucionário, estabelece-se um grupo político com ideias concretas que, apoiando-se nos gigantes Marx e Engels, e desenvolvendo-se em sucessivas etapas, com personalidades como Lenin, Mao Tsé-tung e os novos governantes soviéticos e chineses, estabelecem um corpo de doutrina e, digamos, exemplos a serem seguidos.

A revolução cubana tomou Marx onde este deixa a ciência para empunhar seu fuzil revolucionário; e o toma ali, não por espírito de revisão, de lutar contra o que vem após Marx, de reviver Marx "puro", mas simplesmente porque até ali Marx, o cientista expulso da história, estudava e vaticinava. Depois, Marx revolucionário lutaria dentro da história. Nós, revolucionários práticos, ao iniciar nossa luta, simplesmente cumpríamos leis previstas por Marx cientista. E, por esse caminho de rebeldia, ao lutar contra a velha estrutura do poder, ao apoiar-nos no povo para destruir essa estrutura e ao ter como base de nossa luta a felicidade desse povo, estamos simplesmente ajustando-nos às predições de Marx cientista. Ou seja, e é preciso que o ressaltemos uma vez mais, as leis do marxismo estão presentes nos acontecimentos da Revolução Cubana, independentemente de que seus líderes professem, conheçam cabalmente, do ponto de vista teórico, essas leis.

Para melhor compreensão do movimento revolucionário cubano até 1º de janeiro, seria necessário dividi-lo nas seguintes etapas: antes do desembarque do *Granma*; do desembarque do *Granma* até depois das vitórias de La Plata e Arroio do Inferno; daí até a batalha de Uvero e a constituição da Segunda Coluna guerrilheira; desta à constituição das Terceira e Quarta e a invasão rumo à Serra Cristal e a constituição da Segunda Frente; a greve de abril e seu fracasso; a derrota da grande ofensiva ditatorial; a invasão rumo a Las Villas.

Cada um desses pequenos momentos históricos da guerrilha engloba diferentes conceitos sociais e diferentes apreciações da realidade cubana por que passou o pensamento dos líderes militares da revolução, o que, com o tempo, reafirmaria também sua condição de líderes políticos.

Antes do desembarque do *Granma*, predominava uma mentalidade que até determinado ponto poderia ser chamada de subjetiva: confiança cega em uma rápida explosão popular, entusiasmo e fé na possibilidade de liquidar o poderio batistiano por meio de um rápido levante combinado com greves revolucionárias espontâneas e a consequente queda do ditador. O movimento era o herdeiro direto do Partido Ortodoxo, e seu lema central era "Vergonha contra dinheiro". Ou seja, honradez administrativa como ideia principal do novo governo cubano.

Todavia, Fidel Castro tinha estabelecido em *A história me absolverá* as bases que foram quase integralmente cumpridas pela revolução, mas que também foram superadas por esta que se aprofundou no terreno econômico, o que trouxe, simultaneamente, maior aprofundamento no terreno político, nacional e internacional.

Depois do desembarque vem a derrota, a destruição quase total das forças, seu reagrupamento e integração como guerrilha. O pequeno número de sobreviventes, e sobreviventes com ânimo de luta, caracterizava-se por compreender a falsidade do esquema imaginado no que se referia aos levantes espontâneos em toda a ilha e pelo entendimento de que a luta teria de ser longa e deveria contar com grande participação camponesa. Nessa época se iniciaram, também, os primeiros ingressos de camponeses na guerrilha e foram travados dois combates de pouca monta quanto ao número de combatentes, mas de grande importância psicológica, porque afastou as suscetibilidades do grupo central dessa guerrilha, constituído por elementos provenientes da cidade, contra os camponeses. Estes, por sua vez, desconfiavam do grupo e, sobretudo, temiam as bárbaras represálias do governo. Duas coisas foram demonstradas nessa etapa, ambas muito importantes para os fatores inter-relacionados: aos camponeses foi demonstrado que a bestialidade do Exército e toda a perseguição não seriam suficientes para acabar com a guerrilha, mas seriam suficientes para acabar com sua casa, sua colheita e sua família, motivo pelo qual era uma boa solução refugiar-se no seio da guerrilha, onde suas vidas estariam resguardadas; os guerrilheiros, por sua vez, sentiram a necessidade cada vez maior de ganhar as massas camponesas, para o que, obviamente, era preciso oferecer-lhes algo que desejassem com todas as suas forças, e não há nada que um camponês queira mais do que a terra.

Em seguida, vem uma etapa nômade na qual o Exército Rebelde vai conquistando zonas de influência. Ainda não pôde permanecer muito tempo nelas, mas o exército inimigo também não o pôde fazer, conseguindo apenas incursionar. Em diversos combates, vai-se estabelecendo uma espécie de frente não muito delineada entre as duas partes.

A 28 de maio de 1957 é marcado um ponto importante ao atacar no Uvero uma guarnição bem armada, bem entrincheirada e com possibilidade de receber reforços com rapidez, à beira-mar e com aeroporto. A vitória das forças rebeldes nesse encontro, um dos mais sangrentos que se levou a cabo, já que, dos que entraram em combate, 30% foram mortos ou feridos, alterou completamente o panorama. Já havia um território no qual o Exército Rebelde impunha sua autoridade, de onde as notícias sobre esse exército não filtravam para o inimigo e de onde se podia, em rápidos golpes de mão, descer à planície e atacar postos do adversário.

Pouco depois se produz a primeira separação e são estabelecidas duas colunas combatentes. A segunda, por motivos bastante infantis de disfarce, toma o nome de Quarta Coluna. Imediatamente, as duas dão sinais de atividade e, a 26 de julho, a Estrada Palma é atacada. Cinco dias depois, a 30 quilômetros desse local, é atacado Bueycito. As manifestações de força já são mais importantes. Já se passa a esperar os repressores, a detê-los em várias tentativas de subir a serra e são estabelecidas frentes de luta com amplas regiões de terra de ninguém, atacadas por incursões punitivas de ambos os lados, mas de forma a manter aproximadamente a mesma frente.

A guerrilha, contudo, vai engrossando suas forças com substancial participação dos camponeses da zona e de alguns membros do Movimento nas cidades, tornando-se mais combativa, aumentando seu espírito de luta. Em fevereiro de 1958, depois de aguentar algumas ofensivas que são rechaçadas, partem as colunas de Almeida, a 3, para ocupar seu posto Perto de Santiago, e a de Raúl Castro, que recebe o número 6 e o nome de nosso herói, Frank País, morto poucos meses antes. Raúl realiza a façanha de cruzar a rodovia central nos primeiros dias de março desse ano e interna-se nas montanhas de Mayarí, onde cria a Segunda Frente Oriental Frank País.

Os crescentes êxitos de nossas forças rebeldes se iam filtrando por meio da censura, e o povo ia rapidamente alcançando o pico de sua atividade revolucionária. Foi nesse momento que, de Havana, foi proposta a luta em todo o território nacional mediante uma greve geral revolucionária que devia destruir a força do inimigo, atacando-o simultaneamente em todos os pontos.

A função do Exército Rebelde seria, nesse caso, a de um catalisador que desencadearia o movimento. Naqueles dias, nossas guerrilhas aumentaram sua atividade e Camilo Cienfuegos começou a criar sua lenda heroica, lutando pela primeira vez nas planícies orientais, com um sentido organizativo e sob direção centralizada.

A greve revolucionária, porém, não fora corretamente pensada, pois desconhecia a importância da unidade operária e não se procurou que os trabalhadores, no exercício de sua atividade revolucionária, escolhessem o momento preciso. Pretendeu-se dar um golpe de mão clandestino, chamando à greve pelo rádio, ignorando que o dia e a hora secretos já eram do conhecimento dos esbirros, embora não o fossem, do povo. O movimento grevista fracassou, e foi assassinado, sem misericórdia, um bom e seleto número de patriotas revolucionários.

Como dado curioso que deve ser apontado na história dessa revolução, há o fato de que Jules Dubois, o mexeriqueiro dos monopólios norte-americanos, sabia de antemão o dia em que seria desencadeada a greve.

Nesse momento produz-se uma das mudanças qualitativas mais importantes no desenvolvimento da guerra, ao se adquirir a certeza de que o triunfo só seria alcançado pelo aumento das forças guerrilheiras até que essa derrotasse o exército inimigo em batalhas campais.

Já se tinham estabelecido, então, amplas relações com o campesinato; o Exército Rebelde havia editado seus códigos penal e civil, distribuía justiça, repartia alimentos e cobrava impostos nas zonas administrativas. As zonas aldeãs recebiam também a influência do Exército Rebelde. Mas estavam sendo preparadas grandes ofensivas que, em dois meses de luta, deixaram um saldo de mil baixas para o exército invasor, totalmente desmoralizado, e um aumento de 600 armas em nossa capacidade combatente.

Já estava demonstrado que o Exército não podia derrotar-nos. Não havia em Cuba, definitivamente, força capaz de vencer os picos da Sierra Maestra e as montanhas da Segunda Frente Oriental Frank País; os caminhos tornaram-se intransitáveis, em Oriente, para as tropas da tirania. Derrotada a ofensiva, são encarregados Camilo Cienfuegos, com a Coluna número 2, e o autor destas linhas, com a Coluna número 8, Ciro Redondo, de cruzar a província de Camagüey, estabelecer-se em Las Villas e cortar as comunicações do inimigo. Camilo deveria, mais tarde, seguir seu avanço para repetir a façanha do herói que deu o nome a sua coluna, Antonio Maceo: a invasão total de Oriente a Ocidente.

Nesse momento, a guerra mostra uma nova característica: a correlação de forças virou em favor da revolução. Duas pequenas colunas de 80 e 140 homens cruzaram durante mês e meio as planícies da Camagüey, constantemente cercadas ou acossadas por um exército que mobilizava milhares de soldados, chegaram a Las Villas e iniciaram a tarefa de cortar a ilha em dois.

Às vezes, parece estranho; outras vezes, parece incompreensível; ainda algumas outras, incrível que existam duas colunas tão pequenas em tamanho, sem comunicações, sem mobilidade, sem as mais elementares armas da guerra moderna, contra exércitos bem adestrados e superarmados. O que é fundamental é a característica de cada grupo; o guerrilheiro sente-se mais em casa, seu moral é mais alto, seu sentido de segurança tanto maior quanto mais incômodo estiver, quanto mais mergulhado nos rigores da natureza. Ao mesmo tempo, em qualquer circunstância, dispôs-se a arriscar sua vida e, em linhas gerais, para o resultado final do combate, pouco importa que o guerrilheiro-indivíduo saia vivo ou não.

O soldado inimigo, no exemplo cubano com que nos ocupamos, era o sócio menor do ditador, o homem que recebia a última migalha abandonada pelo penúltimo dos aproveitadores de uma extensa cadeia iniciada em Wall Street e que terminava nele. Estava disposto a defendê-los desde que fossem importantes. Seus soldos e suas regalias valiam algum sacrifício e alguns perigos, mas nunca valiam sua vida; se para mantê-los tivesse de pagar com a vida, melhor seria abandoná-los, isto é, recuar ante o perigo guerrilheiro. Desses dois conceitos e dessas duas moralidades nasce a diferença que tornaria crítico o dia 31 de dezembro de 1958.

A superioridade do Exército Rebelde ia se estabelecendo cada vez mais claramente e, além disso, com a chegada de nossa coluna a Las Villas, a popularidade maior do Movimento 26 de Julho em relação a todos os outros: o Diretório Revolucionário, a Segunda Frente de Las Villas, o Partido Socialista Popular e algumas pequenas guerrilhas da Organização Autêntica. Isso se devia, principalmente, à personalidade magnética de seu líder, Fidel Castro, mas também à maior justeza da linha revolucionária influía.

Aqui acaba a insurreição, mas os homens que chegam a Havana depois de dois anos de luta ardorosa nas serras e planícies de Oriente, nas planícies de Camagüey e nas montanhas, planícies e cidades de Las Villas não são, ideologicamente, os mesmos que chegaram às praias de Las Coloradas ou que se incorporaram no primeiro momento da luta. Sua desconfiança em relação ao camponês converteu-se em afeto e respeito por suas virtudes; seu desconhecimento total da vida no campo converteu-se em um conhecimento absoluto das necessidades de nossos camponeses; seus namoros com a estatística e com a teoria foram anulados pelo alicerce da prática.

Tendo a força agrária por bandeira cuja concretização começou na Sierra Maestra, esses homens chegam a enfrentar o imperialismo. Sabem que a reforma agrária é a base sobre a qual deve ser edificada a nova Cuba. Sabem que a reforma agrária dará terra a todos os que não têm posse, mas desapropriará todos os que são proprietários injustamente. Sabem ainda que os maiores dos que injustamente detêm a propriedade são também homens influentes no Departamento de Estado ou no governo dos Estados Unidos da América, mas aprenderam a vencer as dificuldades com valor, com audácia e, sobretudo, com o apoio do povo. E já viram o futuro de libertação que nos aguardava do outro lado dos sofrimentos.

Para chegar a essa ideia final de nossos objetivos foi preciso caminhar muito e muito mudar. Paralelamente às sucessivas mudanças qualitativas ocorridas nas frentes de batalha, correm as mudanças de composição social de nossa guerrilha e também as transformações ideológicas de seus chefes. Isso porque cada um desses processos, dessas mudanças, constituem efetivamente uma mudança de qualidade na composição, na forma e no amadurecimento revolucionário de nosso exército. O camponês lhe dá seu vigor, sua capacidade de sofrimento, seu amor à terra, sua fome de reforma agrária. O intelectual de qualquer tipo põe seu pequeno grão de areia iniciando um esboço de teoria. O operário dá seu sentido de organização, sua tendência inata de reunião e unificação. Acima de tudo aí está o exemplo das forças rebeldes, que já tinham demonstrado ser muito mais que um "espinho irritante" e cuja lição foi estimulando e levantando as massas até que perderam o medo dos verdugos. Nunca antes foi para nós tão claro como agora o conceito de interação. Pudemos sentir como essa interação amadurecia ensinando-nos a eficácia da insurreição armada, a força que tem o homem quando, para se defender de outros homens, tem uma arma na mão e uma decisão de triunfo nas pupilas; e os camponeses mostrando as artimanhas da serra, a força que é necessária para viver e triunfar ali e as doses de vontade, de capacidade, de sacrifício que se necessita para poder levar adiante o destino de um povo.

Por isso, quando banhados pelo suor camponês, com um horizonte de montanhas e de nuvens, sob o sol ardente da ilha, o chefe rebelde e seu cortejo entraram em Havana, uma nova "escalinata do jardim de inverno subia a história com os pés do povo".

(Outubro de 1960)

CAPÍTULO 4

O quadro – coluna vertebral da revolução

SERIA DESNECESSÁRIO INSISTIR NAS CARACTERÍSTICAS DE NOSSA REVOLUÇÃO, na forma original e com alguns traços de espontaneidade em que se deu a passagem de uma revolução nacional libertadora para uma revolução socialista e no acúmulo de etapas vividas rapidamente no curso desse desenvolvimento que foi dirigido pelos mesmos atores da epopeia inicial do Moncada, passando pelo *Granma* e terminando na declaração do caráter socialista da Revolução Cubana. Novos simpatizantes, quadros e organizações se foram somando à débil estrutura orgânica do movimento inicial até constituir o imenso aluvião popular que caracteriza nossa revolução.

Quando se tornou patente que em Cuba uma nova classe social tomava definitivamente as rédeas, viram-se também as grandes limitações que ela teria para o exercício do poder devido às condições em que encontramos o Estado, sem quadros para desenvolver o enorme acúmulo de tarefas que era preciso cumprir no aparelho estatal, na organização política e em toda a frente econômica.

No momento seguinte à tomada do poder, os cargos burocráticos foram distribuídos "a dedo". Não houve maiores problemas, e não houve porque a velha estrutura ainda não havia sido rompida. O aparelho funcionava com seu andar lento e cansado de coisa velha e quase sem vida, mas tinha uma organização e, nela, a coordenação suficiente para se manter por inércia, desprezando as mudanças políticas que se davam como prelúdio da mudança na estrutura econômica.

O Movimento 26 de Julho, bastante debilitado pelas lutas internas entre suas alas esquerda e direita, não podia dedicar-se às tarefas de construção; o Partido

Socialista Popular[1], pelo fato de ter suportado ferozes combates e a ilegalidade durante anos, não pôde desenvolver quadros intermediários para enfrentar as novas responsabilidades que se avizinhavam.

Vindas as primeiras intervenções estatais na economia, a tarefa de procurar quadros não era muito complicada e se podia escolher entre muita gente que tinha alguma base mínima para exercer o cargo de direção. Com a aceleração do processo, porém, ocorrida a partir da nacionalização das grandes empresas cubanas, produz-se uma verdadeira fome de técnicos administrativos. Sente-se, de outro lado, uma necessidade angustiante de técnicos em produção, dado o êxodo de muitos deles, atraídos por melhores posições oferecidas pelas companhias imperialistas em outras partes da América ou nos próprios Estados Unidos, e o aparelho político precisou submeter-se a um esforço intenso, em meio às tarefas de estruturação, para dar atenção ideológica a uma massa que entrava em contato com a revolução, cheia de vontade de aprender.

Todos cumprimos o papel da melhor forma que podíamos, mas não sem sofrimentos ou apuros. Muitos erros foram cometidos na parte administrativa do executivo, enormes falhas aconteceram por parte dos novos administradores de empresas que tinham responsabilidades grandes demais em suas mãos, e também cometemos erros enormes e penosos no aparelho político que, pouco a pouco, foi caindo numa tranquila e aprazível burocracia, assemelhando-se a um trampolim para promoções e para cargos burocráticos de maior ou menor importância, totalmente desligado das massas.

O eixo central de nossos erros estava na falta de sentimento da realidade, em determinado momento, mas a ferramenta que nos faltou e cuja falta foi embotando nossa capacidade de percepção e convertendo o partido em um ente burocrático, pondo em perigo a administração e a produção, foi a falta de quadros desenvolvidos de nível médio. A política de quadros tornava-se evidente como sinônimo de política de massas. Restabelecer o contato com as massas – contato estreitamente mantido pela revolução na primeira fase de sua vida – era nossa palavra de ordem. Mas estabelecê-lo por meio de algum tipo de instrumento que permitisse que fosse tirado o melhor proveito, tanto na percepção dos anseios das massas como na transmissão de orientações políticas que, em muitos casos, só foram dadas por intervenções pessoais do primeiro-ministro Fidel Castro ou de alguns outros líderes da revolução.

A essa altura podemos indagar: "o que é um quadro". Um quadro é um indivíduo que alcançou suficiente desenvolvimento político para poder interpretar as grandes diretivas emanadas do poder central, incorporá-las e transmiti-las como

....

[1] O Partido Socialista Popular era um partido marxista cubano da fase anterior à tomada do poder e análogo aos partidos comunistas existentes em outros países.

orientação às massas, percebendo, além disso, as manifestações que estas façam de seus desejos e suas motivações mais íntimas. É um indivíduo de disciplina ideológica e administrativa, que conhece e pratica o centralismo democrático e sabe valorizar as contradições existentes no método para tirar o máximo proveito de suas múltiplas facetas; que sabe praticar, na produção, o princípio da discussão coletiva e tenha decisão e responsabilidade únicas; cuja fidelidade está provada e cujo valor físico e moral desenvolveu-se na medida de seu desenvolvimento ideológico, de tal modo que está disposto a enfrentar, sempre, qualquer debate, e a responder com sua vida pela boa marcha da revolução. Além disso, é um indivíduo com capacidade de análise própria, o que lhe permite tomar as decisões necessárias e praticar a iniciativa criadora de modo a não chocar com a disciplina.

O quadro é, pois, um criador, um dirigente de elevada estatura, um técnico de bom nível político que pode, raciocinando dialeticamente, levar adiante seu setor de produção ou desenvolver a massa, do seu posto político de direção.

Esse exemplar humano, aparentemente rodeado de virtudes difíceis de atingir, está presente, contudo, no povo de Cuba, e nós o encontramos a cada dia.

O essencial é aproveitar ao máximo todas as oportunidades existentes para desenvolvê-lo ao máximo, para educá-lo, para tirar de cada personalidade o maior proveito e convertê-la no valor mais útil para a nação.

O desenvolvimento de um quadro se dá nos afazeres diários, mas a tarefa também deve ser atacada, sistematicamente, em escolas especiais onde os professores, competentes, exemplos para os alunos, favoreçam o rápido crescimento ideológico.

Em um regime que inicia a construção do socialismo, não se pode admitir um quadro que não tenha um alto desenvolvimento político, mas não se deve considerar desenvolvimento político apenas o aprendizado da teoria marxista. Também deve ser exigida a responsabilidade do indivíduo por seus atos, a disciplina que limita qualquer debilidade transitória e que não esteja separada de uma elevada dose de iniciativa, a preocupação constante com todos os problemas da revolução. Para desenvolvê-lo é preciso começar por estabelecer o princípio seletivo na massa, pois é ali que se tem de buscar as personalidades nascentes, provadas no sacrifício ou apenas começando a mostrar suas inquietações, e levá--las para escolas especiais ou, em sua falta, para cargos de maior responsabilidade que o provem no trabalho prático.

Dessa forma, encontramos multidões de novos quadros que se desenvolveram nesses anos. Mas nem todos tiveram o mesmo desenvolvimento, já que os jovens companheiros enfrentaram a realidade da criação revolucionária sem adequada orientação partidária. Alguns triunfaram completamente, mas há muitos que não puderam triunfar e ficaram na metade do caminho ou, simplesmente, perderam-se no labirinto burocrático ou das tentações do poder.

Para assegurar o triunfo e a consolidação total da revolução necessitamos desenvolver quadros de diferentes tipos: o quadro político que seja a base de nossas organizações de massas, os que as orientem por meio da ação do Partido Unido da Revolução Socialista[2] (já se começa a estruturar tal base, com a criação das escolas nacionais e provinciais de Instrução Revolucionária e com os estudos e círculos de estudos em todos os níveis). Também necessitamos de quadros militares, e para consegui-los podemos utilizar a seleção feita pela guerra em nossos jovens combatentes, já que uma boa quantidade sobreviveu, sem grandes conhecimentos teóricos, mas provados no fogo, testados nas condições mais duras da luta e de uma fidelidade a toda prova ao regime revolucionário a cujo nascimento e desenvolvimento estão muito intimamente ligados desde as primeiras guerrilhas da serra. Também devemos promover quadros econômicos que se dediquem especificamente às tarefas difíceis da planificação e às tarefas da organização do Estado socialista nesses momentos de criação. É necessário trabalhar com os profissionais, estimulando os jovens a seguir alguma das carreiras técnicas mais importantes, para tentar dar à ciência o tom de entusiasmo ideológico que garanta um progresso acelerado. É imperativo criar uma equipe administrativa que saiba aproveitar e integrar os conhecimentos técnicos dos demais e orientar as empresas e outras organizações do Estado para ajustá-las ao acelerado ritmo da revolução. O denominador comum de todos eles é a clareza política. Essa não consiste em apoio incondicional aos postulados da revolução, mas em um apoio refletido numa grande capacidade de sacrifício e em uma capacidade dialética de análise que permitem contínuas contribuições, em todos os níveis, à rica teoria e prática da revolução. Esses companheiros devem ser escolhidos entre as massas, aplicando-se o princípio de que os melhores se sobressaiam e de que aos melhores sejam dadas as maiores oportunidades de desenvolvimento.

Em todos os locais, a função do quadro, apesar de ocupar postos diferentes, é a mesma. O quadro é a peça-mestra do motor ideológico, um parafuso dinâmico desse motor; parafuso como peça funcional que garante seu correto funcionamento, dinâmico dado que não é um simples elemento de transmissão de lemas ou pedidos, mas um criador que ajudará o desenvolvimento das massas e a informação dos dirigentes, servindo de ponto de contato com aquelas. O quadro

....

[2] O primeiro esforço das organizações revolucionárias cubanas pela constituição de um partido marxista-leninista unificado, na fase posterior à tomada do poder, foi a criação das Organizações Revolucionárias Integradas (ORIs) agrupando num único organismo político o Movimento 26 de Julho, o Partido Socialista Popular e o Diretório Estudantil Revolucionário. Em função de sérios desvios de caráter sectário, as ORIs foram extintas e passou-se à formação do Partido Unido da Revolução Socialista, que mais tarde deu origem ao Partido Comunista de Cuba.

tem uma missão importante no que se refere à vigilância para que o grande espírito da revolução não seja liquidado, para que a revolução não adormeça, não diminua seu ritmo. É um posto delicado; transmite o que vem da massa e lhe infunde a orientação do partido.

Desenvolver os quadros é, pois, uma tarefa inadiável do momento. Isso foi assumido com grande empenho pelo governo revolucionário, por meio de seus programas de bolsas de estudos que seguem princípios seletivos, de seus programas de estudos para os operários, dando diferentes oportunidades de desenvolvimento tecnológico, com a criação das escolas técnicas especiais, das escolas secundárias e das universidades abrindo novas carreiras, com o desenvolvimento, enfim, do estudo, do trabalho e da vigilância revolucionária como lemas de toda nossa pátria, baseados fundamentalmente na União de Jovens Comunistas, de onde vêm devem os quadros de todo tipo e mesmo os quadros dirigentes da revolução no futuro.

Intimamente ligado ao conceito de quadro está o da capacidade de sacrifício, de demonstrar com o próprio exemplo as verdades e os lemas da revolução. O quadro, como dirigente político, deve ganhar o respeito dos trabalhadores com sua atividade. É imprescindível que ele conte com a consideração e o carinho dos companheiros que deverá guiar pelas trilhas da vanguarda.

Por tudo isso, não existe melhor quadro que aquele cuja escolha é feita pelas massas nas assembleias que apontam os trabalhadores exemplares, os que serão integrados ao Partido Unido da Revolução Socialista (PURS) com os antigos membros das ORIs (Organizações Revolucionárias Integradas)[3] que passarem por todas as provas seletivas exigidas. No início eles constituirão um partido pequeno, mas sua influência entre os trabalhadores será imensa; mais tarde, crescerá, quando o avanço da consciência converter o trabalho e a entrega total à causa do povo uma necessidade. Com dirigentes médios dessa categoria, as difíceis tarefas que temos pela frente serão cumpridas com menos contratempos. Passado um período de perplexidade e de métodos errados, chegamos à política justa, que não será mais abandonada. Com o impulso sempre renovado da classe operária, nutrindo com suas fontes inesgotáveis as fileiras do futuro PURS e com nosso partido desempenhando as tarefas de reitoria, mergulhamos na tarefa de formação de quadros que garantam o desenvolvimento impetuoso de nossa revolução. É preciso triunfar nesse esforço.

(Setembro de 1962)

---

[3] Ver nota 2.

CAPÍTULO 5

O partido marxista-leninista

ESTE LIVRINHO DESTINA-SE A INICIAR OS MILITANTES do partido no amplo e riquíssimo acervo das ideias marxistas-leninistas.

A escolha dos temas é simples e eficiente. Trata-se de um capítulo do *Manual de marxismo-leninismo* de Otto V. Kuusinen e de uma série de discursos de Fidel Castro. A seleção é boa porque no capítulo do *Manual de marxismo-leninismo* está sintetizada a experiência dos partidos irmãos e se dá um esquema geral do que deve ser e como deve atuar um partido marxista-leninista, e na sucessão de discursos do companheiro Fidel vê-se desfilar a história política de nosso país por meio das palavras, em alguns casos autobiográficas, do dirigente da revolução.

As duas coisas estão intimamente ligadas, a teoria geral como expressão das experiências do Partido Comunista da União Soviética e dos partidos marxistas--leninistas de toda a humanidade e a aplicação prática dessas ideias gerais a nossas características especiais. Das peculiaridades que formam o quadro do desenvolvimento dos acontecimentos nesta região do mundo, não se deve inferir que existam exceções históricas. Simplesmente, no marco geral da teoria, filha da experiência, cabe o caso específico da situação cubana, que acrescenta novas experiências ao movimento operário mundial.

O manual nos ensina com clareza meridiana o que é um partido marxista--leninista: "Pessoas fundidas por uma comunidade de ideias que se agrupam para dar vida às concepções marxistas, isto é, para levar a cabo a missão histórica da classe operária". Além disso, explica como um partido não pode viver isolado das massas, como deve estar em permanente contato com ela, como deve exercer a crítica e a autocrítica e ser bastante severo com seus erros: como não deve basear-se apenas em conceitos negativos de luta contra algo, mas também em conceitos positivos de luta por algo; como os partidos marxistas não podem cruzar os braços esperando que as condições objetivas e subjetivas, formadas pelo complexo mecanismo da luta de classes, alcancem todos os requisitos necessários para que o poder caia nas mãos do povo como uma fruta madura. Ensina o papel dirigente e catalisador desse partido, vanguarda da classe operária, dirigente de sua classe, que sabe mostrar-lhe o caminho do triunfo e acelerar o passo em direção a novas situações sociais. Insiste que, mesmo nos momentos de refluxo social, é necessário saber retroceder e manter firmes os quadros para apoiar-se na próxima onda e avançar até o objetivo fundamental do partido na primeira época revolucionária, que é a obtenção do poder.

E é lógico que esse partido deve ser o de uma classe. Um partido marxista-leninista não poderia ser de outro tipo, pois sua missão é buscar o caminho mais curto para atingir a ditadura do proletariado, e seus militantes mais valiosos, seus quadros dirigentes e sua tática saem da classe operária.

Não se pode conceber que a construção do socialismo seja iniciada com um partido da classe burguesa, com um partido que tenha entre seus integrantes uma boa quantidade de exploradores e que estes sejam encarregados de fixar sua linha política. Evidentemente, um agrupamento desse tipo só pode dirigir a luta em uma etapa de libertação nacional até determinado ponto e em determinadas circunstâncias. No momento seguinte, a classe revolucionária converter-se-ia em reacionária e se estabeleceriam novas condições que forçariam o surgimento do partido marxista-leninista como dirigente da luta revolucionária. E na América, pelo menos, já é impossível falar de movimentos de libertação dirigidos pela burguesia. A Revolução Cubana polarizou forças; diante do dilema povo ou imperialismo, as débeis burguesias nacionais escolhem o imperialismo e atraiçoam definitivamente seu país. Perde-se quase totalmente a possibilidade de que nesta parte do mundo produza-se uma passagem pacífica ao socialismo.

Se o partido marxista-leninista é capaz de prever as etapas históricas vindouras e é capaz de converter-se em bandeira e vanguarda de um povo ainda antes de ter-se encerrado a etapa de libertação nacional – tratando-se de nossos países colonizados –, então esse partido terá cumprido uma dupla missão histórica e poderá enfrentar as tarefas da construção do socialismo com mais força, com mais prestígio entre as massas.

Em seguida, vem a experiência cubana, experiência rica pelo que tem de novo, de vigoroso, nesta época de desenvolvimento da revolução americana, e também pela riqueza de ensinamentos extraídos de seus erros, analisados e corrigidos publicamente, em contato com as massas e diante do julgamento da opinião pública.

Particularmente importantes sãos os discursos do companheiro Fidel que se referem ao Partido Unido da Revolução Socialista e aos métodos de trabalho empregados nas ORIs, marcos de duas etapas fundamentais de nosso desenvolvimento. No primeiro está expressa a confissão franca de um revolucionário completo que chegou ao pico do caminho ascendente da evolução de seu pensamento e proclama sem dúvidas, diante do mundo, sua profissão de fé marxista-leninista. Porém, ele não o faz como uma simples afirmação verbal, mas sim mostrando os traços e os fatos mais notáveis da evolução do dirigente, da evolução do movimento e do partido rumo a uma conjugação destinada a integrar o Partido Unido da Revolução Socialista.

Analisando a si próprio, o companheiro Fidel reconhece a quantidade de concepções retrógradas que o meio havia infundido nele; conta como instintivamente foi lutando contra essas concepções e forjando-se na luta; relata suas dúvidas, explica a causa dessas dúvidas e como se resolveram.

Nessa etapa, o Movimento 26 de Julho constituía algo novo, muito difícil de definir. Fidel Castro, herói do Moncada, prisioneiro da ilha de Pinos, treina um grupo de expedicionários que têm como missão chegar às costas de Oriente, iniciar o incêndio revolucionário da província e separá-la do restante da ilha, em um primeiro momento, ou avançar de modo incontível, de acordo com as condições objetivas, até a própria Havana, em uma sucessão de vitórias mais ou menos sangrentas.

A realidade abateu-se sobre nós. As condições subjetivas necessárias para realizar aquele intento não estavam dadas, não tinham sido seguidas todas as regras da guerra revolucionária que depois aprenderíamos com nosso sangue e com o sangue de nossos irmãos em dois anos de dura luta. Fomos derrotados, e ali começou a mais importante história de nosso movimento. Ali se mostrou sua verdadeira força, seu verdadeiro mérito histórico. Demo-nos conta dos erros táticos cometidos e de que faltavam alguns elementos subjetivos importantes: o povo tinha consciência da necessidade de uma mudança, faltava a certeza de sua possibilidade. Nossa tarefa era criá-la, e em Sierra Maestra teve início o longo processo que serviu de catalisador de todo o movimento na ilha e provocou furacões ininterruptos, incêndios revolucionários ininterruptos em todo o território.

Os fatos começaram a demonstrar que o Exército Revolucionário, com a fé e o entusiasmo do povo corretamente encaminhados, em condições favoráveis para a luta, pode aumentar sua força por meio de adequado uso das armas e destruir o exército inimigo. Essa é uma grande lição em nossa história. A correlação de forças foi mudando, antes do triunfo, até se fazer imensamente favorável ao movimento revolucionário. Criaram-se as condições subjetivas necessárias para realizar a transformação e provocou-se a crise de poder necessária para isso. Dá-se uma nova experiência revolucionária à América. Demonstra-se como as verdades do marxismo-leninismo sempre se cumprem e, nesse caso, que a missão dos dirigentes e dos partidos é criar todas as condições necessárias para a tomada do poder, e não se converter em novos espectadores da onda revolucionária que vai surgindo no seio do povo.

Ao mesmo tempo, ao mostrar a necessidade de que os núcleos armados que defendem a soberania popular estejam imunes a surpresas, a ataques, aniquilamentos, indica a importância de a luta armada ter por cenário os terrenos mais favoráveis à guerra de guerrilhas, ou seja, os lugares mais acidentados das zonas rurais. Essa é outra contribuição da revolução à nossa luta de emancipação americana; do campo se vai à cidade, do menor para o maior, criando o movimento revolucionário que culmina em Havana.

Em outro ponto, Fidel expressa claramente: condição essencial do revolucionário é saber interpretar a realidade. Referindo-se à greve de abril, explica como não soubemos interpretá-la naquele momento e, por isso, sofremos uma catástrofe. Por que se deflagra a greve de abril? Porque havia no seio do movimento uma série de contradições que chamamos de "entre a serra e a planície" e que se tornavam patentes por meio da análise dos elementos considerados fundamentais para decidir a luta armada, os quais eram diametralmente opostos para cada uma das alas.

A serra estava disposta a derrotar o Exército quantas vezes fosse necessário, ir ganhando batalha após batalha, conquistar seus armamentos e chegar, um dia, à tomada do poder, baseando-se no Exército Rebelde. A planície era partidária da luta armada geral em todo o país, com um epílogo constituído de uma greve geral revolucionária que expulsasse a ditadura batistiana e estabelecesse a autoridade dos "civis" como governantes, transformando o novo exército em "apolítico".

O choque entre essas teses era frequente e de forma alguma o mais adequado à unidade de comando requerida em momentos como esses. A greve de abril é preparada e deflagrada pela planície com a anuência da direção da serra, que não se sente capaz de impedi-la, embora tivesse sérias dúvidas quanto a seu resultado, e com as expressas reservas do Partido Socialista Popular (PSP) que percebe o perigo a tempo. Os comandantes revolucionários descem a planície para prestar ajuda e, desse modo, Camilo Cienfuegos, nosso inesquecível Chefe do Exército, começa a fazer suas primeiras incursões na zona de Bayamo.

Tais contradições têm raízes mais profundas que as discrepâncias táticas: o exército rebelde já é ideologicamente proletário e pensa em função da classe despossuída; a planície permanece pequeno-burguesa, com futuros traidores em sua direção e muito influenciada pelo meio em que atua.

Era uma luta menor pelo controle interno, nos marcos da grande luta revolucionária pelo poder. Os recentes acontecimentos da Argélia são explicados claramente numa analogia com a Revolução Cubana: a ala revolucionária não se deixa afastar do poder e luta, conquistando-o totalmente. O Exército de Libertação é o representante genuíno da revolução que triunfa.

Sucedem-se periodicamente os choques e só se consegue a unidade de comando, ainda não acatada por todos, porém, quando Fidel é nomeado primeiro-ministro, alguns meses depois do triunfo da revolução. Que tínhamos feito até esse momento? Tínhamos adquirido, como disse Fidel, o direito de começar. Tínhamos apenas ultrapassado uma etapa que se baseava na luta de morte contra o sistema estabelecido em Cuba, representado no ditador Batista, mas o fato de seguir consequentemente uma linha revolucionária tendente a melhorar a situação de nossa sociedade e livrá-la, o mais possível, de todos os freios econômicos, levava-nos forçosamente a uma luta frontal contra o imperialismo.

O imperialismo foi um fator muito importante para o desenvolvimento e aprofundamento de nossa ideologia. Cada golpe que nos dava exigia uma resposta; cada vez que os ianques reagiam, com sua cólera habitual, tomando alguma medida contra Cuba, tínhamos de tomar a contramedida necessária, e assim ia se aprofundando a revolução.

O Partido Socialista Popular entrava nessa frente, e os companheiros de velha militância revolucionária mais os companheiros que chegavam ao poder por meio da luta na serra começavam uma tarefa de fusão. Já naquele momento, Fidel advertia contra o perigo do sectarismo e criticava os que esfregavam no nariz do outro os 15 ou 20 anos de militância e o sectarismo das barbas, na serra, ou das gravatas, na cidade.

Na época da luta armada havia um grupo de companheiros que procurava defender o movimento do aparente caudilhismo do companheiro Fidel e cometeu o erro, repetido depois na época do sectarismo, de confundir os grandes méritos do dirigente, os grandes méritos do líder da revolução e seus inegáveis dotes de comandante, com o indivíduo cuja única preocupação é assegurar o apoio incondicional dos seus e estabelecer um sistema de caudilhismo. Foi uma luta de princípios falsos conduzida por um grupo de companheiros, luta que não terminou nem mesmo em 1º de janeiro ou no momento em que Fidel assumiu o cargo de primeiro-ministro, mas muito depois, quando a ala direita do 26 de Julho foi destroçada. Assim caíram, por opor-se à vontade popular, Urrutia, Miró Cardona, Ray, Hubert Matos, David Salvador e tantos outros traidores.

Depois da vitória total contra a ala direita, surge a necessidade de estruturar um partido, o Partido Unido da Revolução, expoente do marxismo-leninismo nas novas condições de Cuba. Deveria ser um organismo ligado às massas e composto de quadros estritamente selecionados, de uma organização centralizada ao mesmo tempo que elástica, e, para isso, confiávamos cegamente na autoridade conquistada em muitos anos de luta pelo Partido Socialista Popular, abrindo mão quase totalmente de nossos critérios organizativos. Desse modo, foram-se criando as condições para que o fruto do sectarismo amadurecesse.

No processo de estruturação, o companheiro Aníbal Escalante encarregou--se da organização. Começava uma etapa negra, embora, felizmente, muito curta, de nosso desenvolvimento. Errava-se nos métodos de direção; o partido perdia suas qualidades essenciais de ligação com as massas, de exercício do centralismo democrático e de espírito de sacrifício. Recorrendo, por vezes, a verdadeiros malabarismos, eram colocadas pessoas sem experiência e sem méritos em posições de comando, pelo fato de se terem acomodado à situação imperante.

As ORIs perderam sua função de motor ideológico e de controle de todo o aparelho produtivo por meio dessa função e passaram a ser um instrumento administrativo. Nessas condições, os chamados de alerta que vinham das províncias explicando a série de problemas lá existentes perdiam-se porque quem devia analisar o trabalho dos funcionários administrativos eram, precisamente, os dirigentes do núcleo que cumpriam uma dupla função de partido e de administração pública.

A etapa dos conceitos equivocados, dos erros exorbitantes e dos transplantes mecânicos, felizmente, terminou. Romperam-se as velhas bases que alicerçaram esse aborto sectário.

Diante dessas questões, a decisão da Direção Nacional presidida por Fidel foi a de voltar às massas, recorrer às massas, e assim se estabeleceu o sistema de consulta a todos os centros de trabalho para a escolha dos trabalhadores exemplares pela massa, a possibilidade de ser selecionado para integrar os Núcleos do Partido, de um partido intimamente unido à massa.

Como parte das mudanças do partido foi reformado o sistema de educação, premiando com isso não os "esclarecidos", os "bacharéis do marxismo", como no passado, mas os melhores trabalhadores, os homens que demonstraram, com sua atitude para com a revolução, com seu trabalho diário, seu entusiasmo e seu espírito de sacrifício, as superiores qualidades de membro do partido dirigente.

De acordo com isso, mudaram todos os critérios e começou uma nova época de fortalecimento do partido e dos métodos. Abre-se à nossa frente um amplo e luminoso caminho de construção socialista, no qual cabe ao partido a tarefa de condução. Essa condução não será a da ordem mecânica e burocrática, a do controle estreito e sectário, a do mandar fazer, a do conselho que se deva seguir como expressão verbal e não por constituir um exemplo vivo, a do privilégio das ideias ou da história passada.

O partido do futuro estará estreitamente unido às massas e absorverá delas as grandes ideias que depois serão plasmadas em diretivas concretas; um partido que aplicará rigidamente sua disciplina de acordo com o centralismo democrático e, ao mesmo tempo, onde existam, permanentemente, a discussão, a crítica e a autocrítica abertas para melhorar continuamente o trabalho. Será, nessa etapa, um partido de quadros, dos melhores, e esses deverão cumprir sua tarefa dinâmica de estar em contato com o povo, transmitir as experiências às esferas superiores, transmitir às massas as diretivas concretas e marchar à frente delas. Primeiros no estudo, primeiros no sacrifício, primeiros no entusiasmo revolucionário; a cada momento melhores, mais puros, mais humanos que os demais, assim devem ser os quadros de nosso partido.

Porque é preciso ter sempre a consciência de que o marxista não é uma máquina automática e fanática dirigida, como um torpedo, por meio de controle remoto, para um objetivo determinado. Desse problema Fidel se ocupa expressamente em uma de suas intervenções: "Quem disse que o marxismo é a renúncia aos sentimentos humanos, ao companheirismo, ao amor ao companheiro, ao respeito ao companheiro, à consideração ao companheiro? Quem disse que o marxismo é não ter alma, não ter sentimentos? Pois se foi precisamente o amor ao homem que engendrou o marxismo; foi o amor ao homem, à humanidade, ao desejo de combater a miséria, à injustiça, ao martírio e a toda a exploração sofrida pelo proletariado que fez, da mente de Karl Marx, surgir o marxismo, precisamente quando podia surgir o marxismo, precisamente quando podia surgir uma possibilidade real, e mais que uma possibilidade real, a necessidade histórica da revolução social da qual Karl Marx foi o intérprete. Mas, o que fez que fosse ele esse intérprete, senão o caudal de sentimentos humanos de homens como ele, como Engels, como Lenin?".

Essas palavras de Fidel são fundamentais para o militante do novo partido. Recordem-nas sempre, companheiros, gravem-nas na memória como sua arma mais eficaz contra todos os desvios. O marxista deve ser o melhor, o mais íntegro, o mais completo dos seres humanos. Mas, acima de tudo, sempre, deve ser um ser humano; um militante do partido que vive e vibra em contato com as massas; um orientador que plasma em diretivas concretas os desejos por vezes obscuros das massas; um trabalhador incansável que tudo entrega a seu povo; um trabalhador sofrido que entrega suas horas de descanso, sua tranquilidade pessoal, sua família ou sua vida à revolução, mas nunca é insensível ao calor do contato humano.

No terreno internacional, nosso partido terá deveres importantíssimos. Somos o primeiro país socialista da América, um exemplo a ser seguido por outros países, uma experiência viva para ser captada pelos demais partidos irmãos; uma experiência viva, repetida e que se modifica, que mostra à luz do conhecimento público todos os seus acertos e erros. Dessa forma, seu exemplo é mais didático e não tem a aspiração de chegar apenas àqueles que se declaram marxistas-leninistas, mas às massas populares da América.

A Segunda Declaração de Havana é um guia para o proletariado, o campesinato e os intelectuais revolucionários da América. Nossa própria atitude será orientação permanente. Devemos ser dignos desse lugar que temos, devemos trabalhar todos os dias pensando em nossa América e fortalecer cada vez mais as bases de nosso estado, sua organização econômica e seu desenvolvimento político para poder, ao mesmo tempo que nos superamos internamente, convencer mais e mais os povos da América da possibilidade prática de iniciar o caminho do desenvolvimento socialista na atual fase da correlação de forças internacionais.

Tudo isso sem nos esquecer de que nossa capacidade emocional diante dos desmandos dos agressores e dos sofrimentos dos povos não pode se limitar à América nem sequer à América e aos países socialistas juntos; devemos praticar o verdadeiro internacionalismo proletário, receber como afronta a nós toda agressão, toda afronta, todo ato que fira a dignidade do homem, que fira sua felicidade, em qualquer lugar do mundo.

Nós, militantes de um partido novo, em uma nova região libertada do mundo e em uma situação nova, devemos manter sempre elevada a mesma bandeira de dignidade humana que ergueu Martí, guia de muitas gerações, presente hoje com sua atualidade de sempre na realidade cubana: "Todo homem verdadeiro deve receber no rosto o golpe dado no rosto de qualquer homem".

(1963)

CAPÍTULO 6

Sobre a construção do partido

COMPANHEIROS: TÍNHAMOS DECIDIDO com os companheiros organizadores desta província e de todo o partido, que participaríamos dessa assembleia em razão da importância que a unidade têxtil de Ariguanabo tem para a produção do país. No momento atual, é essa a unidade que conta com mais trabalhadores em todo o país, ou seja, é nosso maior centro industrial.

Além disso, essa unidade é determinante em uma das indústrias mais importantes para o bem-estar de nosso país, assegurando a vestimenta, um dos bens fundamentais que nossa revolução deve dar ao povo, quaisquer que sejam as condições, quaisquer que sejam as dificuldades a que estejamos submetidos.

E viemos, também, para analisar esse novo processo que alterou uma série de conceitos na organização do partido e voltou-se às massas.

Como vocês opinaram, e mais ainda, como vocês o sancionaram, os membros do Partido Unido da Revolução Socialista que saem desse centro de trabalho são homens que contam com o apoio unânime dos companheiros de trabalho. Os núcleos formados neste momento, as organizações do partido, contam a partir de agora com o respaldo necessário e abandonam o trabalho quase subterrâneo, quase conspirativo, que durante um bom tempo deu a tônica ao trabalho de nosso partido dirigente.

Toda essa penumbra em que se vivia, essa situação desses núcleos clandestinos, escolhidos de forma mecânica, considerando sem análise suficiente as qualidades dos companheiros, é abandonada por um novo tipo de estrutura, em que as massas decidem num primeiro nível quais devem ser os trabalhadores exemplares propostos para membros do partido.

Daí surge a enorme diferença. Daí surge também a enorme força que o partido dirigente deve alcançar, consequente com toda uma linha de mudanças na estrutura, na organização, no esquema geral de concepção do partido. Este se coloca firmemente à cabeça do Estado proletário e guia com seus atos, com seu exemplo, com seu sacrifício, com a profundidade de seu pensamento e a audácia de seus atos, cada um dos momentos de nossa revolução. Contudo, nem tudo ainda está perfeito. Longe disso. Há muitas coisas a consertar.

Sem nos aprofundarmos muito, fazíamos, há pouco, uma estatística: 197 companheiros foram reconhecidos como possuidores de todas as qualidades necessárias para integrar o Partido Unido da Revolução Socialista neste centro de trabalho, onde existem mais de 3 mil operários. Qual a cifra exata?

O público responde.

... Bem, 4 mil dá no mesmo, para efeitos estatísticos. Daí foram escolhidos 197 companheiros, mas dentre esses há apenas cinco mulheres. E, todavia, a proporção de mulheres que trabalham aqui em Ariguanabo é muito maior que esses 2,112% que mostra nossa estatística. Isso indica que existe uma falha na incorporação da mulher, em igualdade de direitos, em igualdade de condições, ao trabalho ativo da construção do socialismo. E seria bom que todos nós, em cada lugar, nos puséssemos a perguntar por quê.

Duas causas surgem, aparentemente, mais claras e determinantes. Uma delas é que, efetivamente, a mulher não se libertou de uma série de laços que a ligam a uma tradição do passado que está morto. E por esse motivo não se incorpora à vida ativa de um trabalhador revolucionário. Outra, pode ser o fato de que a massa de trabalhadores, o chamado sexo forte, considera que as mulheres ainda não têm o desenvolvimento suficiente e impõem a maioria que têm. Em locais como esse os homens são mais notados, seu trabalho aparece mais e por isso o papel da mulher é um pouco esquecido e tratado subjetivamente.

Há alguns meses, poucos meses, tivemos de mudar uma funcionária do Ministério da Indústria, uma funcionária capaz. Por que a tivemos de substituir? Porque tinha um trabalho que a obrigava a viajar pelas províncias, muitas vezes com inspetores ou com o chefe, com o diretor-geral. E essa companheira, que era casada – acho que com um membro do Exército Rebelde –, por vontade de seu marido não podia sair sozinha e tinha de subordinar todas as suas viagens para que seu marido deixasse seu trabalho e a acompanhasse onde tivesse de ir.

Isso é uma manifestação grosseira de discriminação à mulher. Por acaso, uma mulher tem de acompanhar o marido cada vez que ele precisa sair pelo interior das províncias ou por qualquer lugar para vigiá-lo e evitar que venha a cair em tentações, ou algo semelhante?

O que isso mostra? Mostra, simplesmente, que o passado ainda pesa sobre nós; que a libertação da mulher deve ser a de alcançar sua liberdade total, sua liberdade interna, porque não se trata de uma obrigação física que se imponha às mulheres de retroagir em determinadas ações. É, também, o peso de uma tradição anterior.

E nesta nova etapa que vivemos, na etapa da construção do socialismo, em que todas as discriminações são varridas e resta como única e determinante ditadura a ditadura da classe operária como classe organizada sobre as classes derrotadas; e na preparação de um longo caminho que estará cheio de lutas, de dissabores, ainda; na preparação da sociedade perfeita que será a sociedade sem classes, a sociedade na qual desaparecem todas as distinções, neste momento não se pode admitir outro tipo de ditadura que não seja a ditadura do proletariado como classe.

E o proletariado não tem sexo. É o conjunto de todos os homens e de todas as mulheres que, em todos os postos de trabalho do país, lutam consequentemente para obter um fim comum.

Esse é um exemplo de tudo o que é preciso fazer. Mas, é claro, é apenas um exemplo, e não se para por aí. Ainda restam muitas coisas por fazer. Mais ainda, sem chegar às tradições do passado anterior ao triunfo da revolução, há uma série de tradições do passado posterior, isto é, do passado que pertence a nossa história pré-revolucionária: as tradições de que os membros do partido, dos sindicatos, de diferentes organizações de massas, dirijam, orientem, ordenem, mas muitas vezes não trabalhem. E isso é algo completamente negativo.

Quem quer que aspire a ser dirigente do partido tem de poder enfrentar ou, mais bem dito, expor-se ao veredicto das massas e ter a certeza de que foi eleito ou proposto para dirigente porque é o melhor entre os bons, por seu trabalho, seu espírito de sacrifício, sua constante atitude de vanguarda em todas as lutas que o proletariado realiza diariamente para a construção do socialismo.

Isso ainda pesa sobre nós. Nossas organizações ainda não estão isentas desse pecado que se incorporou a nossas tradições tão jovens dentro da revolução, e puseram-se a causar prejuízos. É preciso desterrar totalmente a ideia de que ser escolhido membro de alguma organização de massas ou do partido dirigente da revolução – dirigente em algumas das facetas assumidas – permite a esses companheiros ter a menor oportunidade de dizer algo mais que o restante do povo.

Ou seja, a política de premiar o bom com bens materiais, de premiar quem demonstrou ter maior consciência e maior espírito de sacrifício com bens materiais.

São duas coisas que constantemente se chocam e se integram, dialeticamente, no processo de construção do socialismo: por um lado, os estímulos materiais necessários, porque saímos de uma sociedade que pensava apenas em estímulos materiais, e construímos uma sociedade nova sobre a base daquela velha sociedade, com toda uma série de mudanças na consciência das pessoas daquela velha sociedade e porque ainda não temos o suficiente para dar a cada um segundo sua necessidade.

Por isso, o interesse material estará presente durante determinado tempo no processo de construção do socialismo.

Mas é exatamente a ação do partido de vanguarda que deve erguer ao máximo a bandeira oposta, a do interesse moral, a do estímulo moral, a dos homens que lutam e se sacrificam sem esperar outra coisa que não seja o reconhecimento de seus companheiros, sem esperar outra coisa que a sanção que vocês hoje dão aos companheiros escolhendo-os para fazer parte do Partido Unido da Revolução.

O estímulo material é a herança do passado, é preciso contar com ele, mas ir diminuindo a importância que ele tem na consciência da gente, à medida que o processo avance. Um está em franco processo de ascensão; o outro deve estar em franco processo de extinção. O estímulo material não estará presente na sociedade nova que criamos, extinguir-se-á no caminho, e é preciso preparar as condições para que esse tipo de mobilização que hoje é eficaz vá sendo substituída pelo estímulo moral, o sentido do dever, a nova consciência revolucionária.

Companheiros, damos agora os primeiros passos; já existe oficialmente – digamos – o Partido Unido da Revolução neste centro de trabalho; ele está composto, pelo menos neste primeiro momento, por 197 companheiros. Quais as qualidades que neles procuramos? Vocês as conhecem, porque vocês mesmos os escolheram. Vocês conhecem o espírito de sacrifício, de camaradagem, de amor à pátria, de espírito de vanguarda em todos os momentos de luta, a decisão de conduzir por meio do exemplo, o espírito de conduzir sem fazer alarde, que deve ter um membro do partido. Mas, além disso, o membro do novo partido deve ser um homem que sinta profundamente dentro de si as novas verdades, e que as sinta com naturalidade, que aquilo que for sacrifício para as pessoas comuns seja para ele apenas a ação diária, o que é preciso fazer, o que é natural que se faça.

É preciso que se mude totalmente a atitude diante de determinadas obrigações do homem em sua vida cotidiana e a determinadas obrigações de um revolucionário em um processo de desenvolvimento como o nosso, diante de um cerco imperialista.

Há poucos dias, em uma das tantas reuniões que – infelizmente – temos e ainda não pudemos evitar, um dos companheiros contou a última piada – pelo menos a última piada que chegou a meus ouvidos – referente à construção do partido.

Tratava-se de um sujeito que ia entrar no partido e a quem os membros da seção diziam que tinha de trabalhar horas extras, conduzir com seu exemplo, utilizar as horas do dia para melhorar seu preparo cultural, nos domingos tinha de ir ao trabalho voluntário, trabalhar voluntariamente todos os dias, esquecer-se de toda a vaidade e dedicar-se o tempo todo a trabalhar, participar de todos os organismos de massas existentes e, finalmente, diziam-lhe: "Além disso, você, como membro do partido, deve estar pronto, em todos os momentos, a dar sua vida pela revolução. Você estará pronto?". E aí o homem respondia: "Bom, se vou levar essa vida de que vocês estão falando, para que a quero? Dou-a de bom grado".

Por quê? É a velha mentalidade que está expressa nessa piada, não sei se revolucionária ou contrarrevolucionária, mas certamente de um profundo conteúdo contrarrevolucionário. Por quê? Porque um trabalhador de vanguarda, um membro do partido dirigente da revolução, vê todos esses trabalhos, chamados de sacrifícios, com um interesse novo, como uma parte de seu dever, mas não de seu dever imposto, mas de seu dever interior, e os faz com interesse.

E as coisas mais banais e aborrecidas transformam-se, por força do interesse, do esforço interior do indivíduo, do aprofundamento de sua consciência, em coisas importantes e substanciais, em algo que não se pode deixar de fazer sem sentir-se mal: no chamado sacrifício. Daí, não fazer o sacrifício transforma-se no verdadeiro sacrifício para um revolucionário. Isso quer dizer que as categorias e os conceitos estão mudando.

O revolucionário integral, o membro do partido dirigente da revolução, deverá trabalhar todas as horas, todos os minutos de sua vida, nesses anos de luta tão dura que nos esperam, com um interesse sempre renovado e sempre crescente. Essa é uma qualidade fundamental.

É isso que significa sentir a revolução. É isso que significa ser um revolucionário, sentir-se como revolucionário. E aí o conceito de sacrifício adquire novas características.

O militante do Partido Unido da Revolução é um marxista. Deve conhecer o marxismo e aplicar consequentemente, em suas análises, o materialismo dialético para poder interpretar o mundo de modo cabal.

Mas o mundo é grande, é amplo, tem muitas estruturas diferentes, passou por muitas civilizações diferentes e, até este momento, em alguns pontos do mundo ainda existem camadas da sociedade ou povos que vivem na mais primitiva das sociedades que se conhece: na sociedade do comunismo primitivo. E, infelizmente, também existe o escravismo; e existe muito, na América, por exemplo, feudalismo; existe o capitalismo e sua última etapa, o imperialismo. Além disso, existem os povos que começam a construir o socialismo e aqueles, como a União Soviética, que começam a construir o comunismo.

Porém, mesmo quando os povos estiverem dentro de uma mesma definição social, capitalista, em processo de construção do socialismo ou qualquer outra, chegaram a essa etapa histórica por caminhos diferentes e em condições peculiares a cada povo.

Por isso o marxismo é apenas um guia para a ação. As grandes verdades fundamentais foram descobertas e, a partir delas, usando o materialismo dialético como arma, vai-se interpretando a realidade em cada lugar do mundo. Por isso, nenhuma construção será igual; todas terão características peculiares próprias à sua formação.

Também as características de nossa revolução são próprias. Não podem se desligar das grandes verdades, não podem ignorar as verdades absolutas descobertas pelo marxismo, não inventadas, não estabelecidas como dogmas, mas descobertas na análise do desenvolvimento da sociedade. Mas ela terá condições próprias, e os membros do Partido Unido da Revolução devem ser criadores, devem manejar a teoria e criar a prática de acordo com a teoria e com as condições próprias deste país em que nos toca viver e lutar.

Isso quer dizer que a tarefa da construção do socialismo em Cuba deve ser enfrentada fugindo-se do mecanicismo como da peste. O mecanicismo só conduz às formas estereotipadas, aos núcleos clandestinos, ao favoritismo e a toda uma série de males dentro da organização revolucionária. É preciso trabalhar dialeticamente, apoiar-se nas massas, estar sempre em contato com as massas, dirigi-las por meio do exemplo, utilizar a ideologia marxista, utilizar o materialismo dialético e ser criador em todas as horas.

Diante disso, como poderíamos definir as tarefas mais importantes de um membro do Partido Unido da Revolução? Existem duas tarefas fundamentais que constantemente voltam a se repetir e que são a base de todo o desenvolvimento da sociedade: a produção, o aumento dos bens para o povo e o aprofundamento da consciência.

É ocioso explicar-lhes por que a produção é tão importante. Porque a produção deve ser algo sempre presente nas preocupações maiores de um membro do partido.

O socialismo não é uma sociedade beneficente, não é um regime utópico, baseado na bondade do homem como homem. O socialismo é um regime a que se chega historicamente e que tem por base a socialização dos bens fundamentais de produção e a distribuição equitativa de todas as riquezas da sociedade, numa situação de produção social. Isto é, a produção criada pelo capitalismo: as grandes fábricas, a grande pecuária capitalista, a grande agricultura capitalista, os locais onde o trabalho humano era feito em comunidade, em sociedade; mas naquela época o aproveitamento do fruto do trabalho era feito pelos capitalistas individualmente, pela classe exploradora, pelos proprietários jurídicos dos bens de produção.

Agora as coisas mudaram. Mas o fundamento continua sendo o mesmo: uma classe social, uma estrutura social que chega e se apoia, necessariamente, na anterior. E o processo de construção do socialismo é o processo de desenvolvimento de toda a nossa produção.

E a consciência, por quê? Bem, a consciência é ainda mais importante, se é possível. E ela é tão importante devido às características novas que os processos de desenvolvimento das sociedades neste século introduziram.

Quando Marx fez a análise das sociedades, conhecia-se e havia a sociedade primitiva, uma sociedade feudal e, antes, uma sociedade escravista. E se conhecia a sociedade capitalista. O que fez Marx foi analisar as causas de cada uma; demonstrar que tudo estava relacionado com a produção, que a consciência do homem é gerada pelo meio em que vive, e esse meio era determinado pelas relações de produção. Mas, ao aprofundar essa análise, Marx fez algo ainda mais importante, demonstrou que, historicamente, o capitalismo devia desaparecer e abrir caminho para uma nova sociedade: a sociedade socialista.

Passado o tempo, porém, Lenin aprofundou a análise e chegou à conclusão de que a passagem de uma sociedade a outra não era uma passagem mecânica, que as condições podiam ser aceleradas ao máximo mediante ao que poderíamos chamar alguns catalisadores – a frase é minha, não de Lenin, mas a ideia é essa, a ideia central. Quer dizer, se houvesse uma vanguarda do proletariado que fosse capaz de assumir as reivindicações fundamentais do proletariado e, além disso, tivesse ideia clara do objetivo para alcançar e tratasse de tomar o poder para estabelecer a nova sociedade, se poderia avançar e queimar etapas. Ademais, a sociedade socialista se poderia desenvolver em um país isolado, mesmo nas condições do mais terrível cerco imperialista, como foi o enfrentado pela União Soviética. Aí começa a razão da importância da consciência.

Verificamos que o processo de desenvolvimento histórico das sociedades, em determinadas circunstâncias, pode ser abreviado e que o partido de vanguarda é uma das armas fundamentais para abreviá-lo. Consequentes com a lição dada pela União Soviética há 45 anos, fizemos o mesmo em Cuba. Com o movimento de vanguarda, conseguimos abreviar, queimar etapas e estabelecer o caráter socialista de nossa revolução dois anos depois de a revolução ter triunfado e, até mesmo, sancionar o caráter socialista da revolução quando esta, de fato, já tinha caráter socialista, porque tínhamos tomado os meios de produção, caminhávamos para a expropriação total desses meios, caminhávamos para a eliminação da exploração do homem pelo homem e rumávamos para a planificação total do processo produtivo para poder distribuir correta e equitativamente entre todos. Mas esses processos de aceleração deixam muita gente no caminho.

Isso significa que a sociedade velha já pesa na consciência de todo mundo; os conceitos da sociedade velha pesam, constantemente, na consciência dos homens. E é aí que o fato do aprofundamento da consciência socialista adquire tanta importância.

Não se chega ao socialismo nas atuais condições de nosso país, e em muitos outros que já o fizeram, por meio da explosão das condições sociais anteriores, isto é, por mudança mecânica, porque havia tantas condições objetivas que a passagem para o socialismo já era apenas uma questão de forma.

Aqui não, aqui foi a vanguarda que foi desenvolvendo, que foi levando o povo. Essa foi a tarefa primeiríssima de Fidel, dirigindo nosso povo, dando-lhe, a cada momento, a indicação do que era mais importante fazer, ensinando as lições de dignidade, de espírito de sacrifício, de bravura que tivemos de dar ao mundo inteiro nesses quatro anos de revolução. E assim a gente, por vezes com motivos emocionais, foi ingressando no processo de construção do socialismo. Mas sempre havia retardatários, e nossa função não é a de liquidar os retardatários, não é a de esmagá-los e obrigá-los a acatar uma vanguarda armada, mas é a de educá-los, de levá-los em frente, de fazer que nos sigam por meio de nosso exemplo, a compulsão moral, como Fidel a chamou certa vez. Quem é que não sente a vontade de participar, não sente a necessidade de fazer, diante do exemplo de seus melhores companheiros que o fazem com entusiasmo, com fervor, com alegria, dia após dia?

Tanto o bom como o mau exemplo são muito contagiosos, e temos de contagiar com bons exemplos, trabalhar sobre a consciência das pessoas, ferir a consciência das pessoas, demonstrar nossa capacidade, demonstrar a capacidade de uma revolução que está no poder, que está segura de seu objetivo final, que tem fé na justiça de seus objetivos e na linha que seguiu e que está disposta, como todo nosso povo, a não ceder um passo no que é nosso legítimo direito.

Tudo isso temos de explicar, combinar e encarnar em cada um dos que não o entenderam, mesmo aqueles que ainda não o sentem como algo interior. Também para eles é uma necessidade.

Será longo, será muito duro, mas é aí que temos de golpear. Estamos quase tão cercados quanto estava a União Soviética naqueles anos terríveis e, também, maravilhosos da história da humanidade. Mas agora existe a União Soviética, existe o campo dos países socialistas, um imenso bloco de gente que cada vez mais vai acrescentando novas forças e novos povos à ideia do socialismo.

Estamos isolados na América. Prepara-se a OEA, por um lado, preparam-se os Estados Unidos, por outro. Prepararam provocações na Guatemala, prepararam provocações em qualquer país da América. Aviões caem, de modo suspeito, em territórios cujo governo é nosso inimigo, e aparecem cartas e informes. E tudo é a mesma face da grande conspiração do imperialismo contra o povo cubano.

Por quê? Porque mesmo quando temos defeito – e o sabemos –, mesmo quando nosso caminho de quatro anos tem grandes vitórias, é tão grande e rico em lições para a América, que o imperialismo nos teme, talvez nos tema mais que a outros povos fortes da terra.

A base do imperialismo está na América; o imperialismo norte-americano, que é o mais forte, está na América. A América fala espanhol, a América nos entende, a América nos admira e vê em nós a imagem do que pode ser o futuro para todos os seus povos, e se prepara para essa vitória.

Se existem guerrilhas na América – nós o sabemos, e o Pentágono também –, não são criações nossas, longe disso; não o podemos fazer, não temos forças, mas as vemos com alegria. Entusiasmamo-nos com os triunfos dos venezuelanos, com o aprofundamento da revolução venezuelana; entusiasmamo-nos quando sabemos que na Guatemala, na Colômbia, no Peru há levantes revolucionários; quando os andaimes do imperialismo começam a apresentar rachaduras, ainda pequenas, mas sistemáticas, em cada um desses locais, nós nos alegramos...

Assim, companheiros, a América tem algo muito palpável para ver. Esse algo que lhe fala em espanhol, em sua própria língua, e que explica da maneira mais clara o que é preciso fazer para alcançar a felicidade, chama-se Revolução Cubana. Por isso realmente nos temem. Não é bravata nossa, não é um falso orgulho nem pretensões de um pequeno país: é uma análise objetiva dos fatos. Todos nós somos responsáveis por esse temor e ódio dos imperialistas. E esse deve ser nosso orgulho: o medo e o ódio que têm por nós! Devemos nos orgulhar do fato de o senhor Kennedy achar que essa Revolução Cubana é um furúnculo que não o deixa dormir, ou do fato de que todos os líderes da América vejam a imagem de seu futuro na imagem do que aconteceu aos que estavam aqui. Que eles compreendam o alcance e a profundidade da justiça popular quando atinge o poder livre de peias.

Essa é a nossa obra definitiva e nossa grande responsabilidade perante a América toda e também perante o mundo.

No fim do ano passado, demos uma lição de dignidade que os norte-americanos nunca pensaram que pudesse acontecer. E continuamos, com nossos atos, dando tais lições. Isso é o que tem valor, em limites que superam nosso estreito âmbito. E é isso, também, que é nosso maior orgulho, o fato de um cubano ser respeitado em qualquer lugar do mundo, ser admirado, ser querido e, às vezes, temido e odiado pelo que a revolução representa, pela profundidade que atingiu, por suas vitórias em quatro anos.

Companheiros, temos de nos preparar para multiplicar as vitórias, aprofundar a consciência das massas e aumentar a produção; acostumar-nos a realizar mais com nossas forças, acostumar-nos com a ideia de que também na produção podemos caminhar sozinhos, como temos caminhado em tantos momentos difíceis. A ajuda dos países amigos – uma ajuda generosa e fraternal que nos foi dada muitas vezes – deve ser o elemento para nossa consolidação e garantia da revolução. Mas não devemos basear nossas forças em outro país, por mais amigo e desinteressado que seja, porque não pode existir uma verdadeira força que não emane da própria consciência de sua força. Quando um povo adquire consciência de sua força, então aí sim a decisão de lutar – a decisão de avançar – é forte, e ele pode enfrentar qualquer inimigo.

De modo geral, podemos estar orgulhosos do que todos temos feito. Mas também podemos analisar objetiva e rigorosamente nosso trabalho, assim como vocês analisaram seus companheiros e os criticaram; da mesma forma devemos analisar nosso trabalho e criticá-lo sempre que for insuficiente, sempre que não resolver os problemas fundamentais, sempre que cair no conformismo, no mecanicismo, cada vez que deixar de ser criador e vital.

Isso tudo é o que esperamos de vocês, membros do Partido Unido da Revolução, e, além disso, esperam-no de vocês todos os que ainda não pertencem a esse partido.

Queremos que todo nosso povo marche num só ritmo, num só passo; que seu destacamento de vanguarda tenha de lutar e caminhar muito rápido, com muitas dificuldades, para superar o destacamento mais forte, todo o destacamento do povo. Essa é a tarefa.

Os companheiros do partido têm agora a obrigação de ser vanguarda. Lembrem-se do que disse Fidel: "Ali estarão os melhores, os Camilo, os homens de confiança, os homens de sacrifício e de espírito forte...". Mas também o nosso povo, todo ele, deve se transformar naqueles guerrilheiros que começaram desorganizados, que tinham medo dos aviões, dos tanques e dos soldados inimigos e que acabaram avançando por todos os territórios de Cuba e destruindo um Exército que era muito mais poderoso, que tinha todos os meios de destruição em suas mãos, mas que não tinha moral.

E a vitória foi alcançada naquele momento final porque a vanguarda tinha mais valor, um pouco mais de valor, mas era o Exército Rebelde inteiro que representava o valor de Cuba.

E cada vez que aumentava sua força, seu valor e sua decisão de luta, o inimigo cedia, o inimigo abandonava posições, perdia fé, ia-se desintegrando, até que se dissolveu.

Essa é nossa tarefa; é muito difícil e muito simples. Tudo depende de como a encaramos, tudo depende de como nos situamos frente à realidade revolucionária e do que sejamos capazes de fazer, imunes o máximo possível às taras da sociedade que morreu.

CAPÍTULO 7

Tática e estratégia da revolução latino-americana

A tática ensina a usar as forças armadas nas batalhas, a estratégia ensina a usar as batalhas para atingir o objetivo da guerra.
Karl von Clausewitz

INICIAMOS ESTAS ANOTAÇÕES COM A CITAÇÃO de uma frase de Clausewitz, o autor militar que guerreou contra Napoleão, que teorizou com tanta sabedoria sobre a guerra e a quem Lenin gostava de citar pela clareza de seus conceitos, apesar de, naturalmente, ser um analista burguês.

Tática e estratégia são os dois elementos substanciais da arte da guerra. Guerra e política, contudo, estão intimamente unidas por meio de um denominador comum que é o empenho em atingir um objetivo definido, seja o aniquilamento do adversário em uma luta armada, seja a tomada do poder político.

Porém não se pode reduzir a uma fórmula ou um esquema a análise dos princípios táticos e estratégicos que regem as lutas marciais ou políticas.

A riqueza de cada um desses conceitos só pode ser medida pela prática integrada à análise das complexas atividades que encerram.

Não existem objetivos táticos e estratégicos imutáveis. Por vezes, objetivos táticos adquirem importância estratégica e, outras vezes, objetivos estratégicos convertem-se em meros elementos táticos.

O estudo correto da importância relativa de cada elemento permite a plena utilização por parte das forças revolucionárias de todos os fatos e das circunstâncias voltadas para o grande e definitivo objetivo estratégico, *a tomada do poder*.

O poder é o objetivo estratégico *sine qua non* das forças revolucionárias, e tudo o mais deve estar subordinado a essa grande bandeira.

Para a conquista do poder neste mundo polarizado em duas forças extremamente díspares e de interesses absolutamente contraditórios, não podemos prender-nos aos limites de uma entidade geográfica ou social. A conquista do poder é um objetivo mundial das forças revolucionárias. Conquistar o futuro é o elemento estratégico da revolução; congelar o presente é, em contrapartida, o elemento estratégico que aciona as forças da reação no mundo atual, uma vez que encontram-se na defensiva.

Nessa luta de características mundiais, a posição tem muita importância. Por vezes é mesmo determinante. Cuba, por exemplo, é uma posição avançada, uma posição desde a qual encaramos o amplíssimo campo do mundo economicamente distorcido da América Latina, um posto que abre suas antenas, seu exemplo luminoso, a todos os povos da América. O posto cubano é de elevado valor estratégico para os grandes contendores que neste momento disputam a hegemonia no mundo: o imperialismo e o socialismo.

Diferente seria seu valor se fosse colocada em outra situação geográfica ou social. Diferente era seu valor quando constituía apenas um elemento tático do mundo imperialista, antes da revolução. Seu valor não aumentou apenas por ser uma porta aberta para a América. À força de sua posição estratégica, militar e política, une o poder de sua influência moral, e os "projéteis morais" são uma arma de eficácia tão demolidora que tal elemento passou a ser o mais importante para se determinar o valor de Cuba.

Por isso, para analisar cada elemento da guerra ou da política, não se pode isolá-lo do conjunto em que está situado. Todos os antecedentes servem para reafirmar uma linha ou uma postura consequente com os grandes objetivos estratégicos.

Tendo a discussão chegado ao terreno americano, deve-se fazer a indagação obrigatória: quais são os elementos táticos que devemos empregar para atingir o grande objetivo estratégico da conquista do poder nesta parte do mundo? É possível ou não, nas atuais condições de nosso continente, alcançar o poder socialista por vias pacíficas?

Respondemos com decisão: na grande maioria dos casos, isso não é possível. Quando muito, conseguir-se-ia a conquista na forma da superestrutura burguesa do poder. E a passagem para o socialismo de um governo que, nas condições da legalidade burguesa estabelecida, chega ao poder também será feita em meio a uma luta violentíssima contra todos que tentem, de um ou outro modo, liquidar o avanço rumo a novas estruturas sociais.

Esse é um dos temas mais debatidos e importantes, e talvez seja quanto a ele que nossa Revolução tenha mais pontos divergentes com outros movimentos revolucionários da América. Devemos expressar com toda clareza nossa posição e fazer uma análise de suas causas.

A América hoje em dia é um vulcão; não está em erupção, mas encontra-se perturbada com os imensos ruídos subterrâneos que anunciam seu início. Em todos os cantos pode-se ouvir esse sinal. A Segunda Declaração de Havana é a expressão e a concretização desses movimentos subterrâneos e tenta atingir a consciência de seu objetivo, isto é, a consciência da necessidade e, ainda mais, a certeza da possibilidade da mudança revolucionária. Evidentemente esse vulcão americano não está isolado dos movimentos existentes no mundo contemporâneo nesses momentos de confrontação crucial de forças entre dois poderosos conceitos da história.

Poderíamos referir-nos a nossa pátria com as seguintes palavras da Segunda Declaração de Havana:

"Que é a história de Cuba, senão a história da América Latina? O que é a história da América Latina, senão a história da Ásia, da África e da Oceania? E o que é a história de todos esses povos senão a história da exploração mais impiedosa e cruel do imperialismo?".

Tanto a América como a Ásia, a África e a Oceania são partes de um todo em que as forças econômicas foram destorcidas pela ação do imperialismo. Mas nem todos os continentes apresentam as mesmas características. As formas de exploração econômica imperialista, colonialista ou neocolonialista usadas pelas forças burguesas da Europa tiveram de enfrentar não apenas a luta dos povos oprimidos da Ásia, África e América Latina por sua libertação, mas a penetração do capital imperialista norte-americano. Isso criou diferentes correlações de forças em determinados povos e permitiu a passagem pacífica para sistemas de burguesias nacionais independentes ou neocolonialistas.

Na América, não. A América é a praça de armas do imperialismo norte-americano, não há forças econômicas no mundo capazes de apadrinhar as lutas que as burguesias nacionais passaram a travar com o imperialismo norte-americano e, por isso, tais forças, relativamente muito mais debilitadas que em outras regiões, vacilam e fazem acordos com o imperialismo.

Diante do terrível drama para os burgueses amedrontados – submissão ao capital estrangeiro ou destruição diante das forças populares internas, dilema que a Revolução Cubana, com a polarização que seu exemplo representa, aprofundou –, não resta solução senão ceder. Ao dar-se essa entrega, ao santificar-se o acordo, as forças da reação interna aliam-se à reação internacional mais poderosa, e o desenvolvimento pacífico das revoluções sociais se vê impedido.

Caracterizando a situação atual, a Segunda Declaração de Havana diz:

"Em muitos países da América Latina a revolução já é inevitável. Esse fato, não o determina nenhuma vontade. É determinado pelas espantosas condições de exploração em que vive o homem americano, o desenvolvimento da consciência revolucionária das massas, a crise mundial do imperialismo e o movimento universal de luta dos povos subjugados.

A inquietação registrada hoje é inequívoco sintoma de rebelião. Agitam-se as entranhas de um continente que tem sido testemunha de quatro séculos de exploração escravista, semiescravista e feudal do homem, desde sua população indígena e dos escravos trazidos da África, até os núcleos nacionais que surgiram depois: brancos, negros, mulatos, mestiços e índios, que hoje se irmanam no desprezo, na humilhação e sob o domínio ianque, assim como os irmana a esperança de um futuro melhor".

Podemos concluir, pois, que, diante da decisão de atingir sistemas sociais mais justos na América, deve-se pensar fundamentalmente na luta armada. Contudo, existem algumas possibilidades de mudança pacífica. Ela está presente nos estudos dos clássicos do marxismo e sancionada na Declaração dos Partidos, mas nas atuais condições da América cada minuto que passa torna mais difícil o intento pacifista, e os últimos acontecimentos de Cuba demonstram a coesão dos governos burgueses com o agressor imperialista nos aspectos fundamentais do conflito.

Tornamos a insistir: mudança pacífica não é atingir o poder formal por meio de eleições ou movimentos de opinião pública sem combate direto. É a instauração do poder socialista, com todas as suas atribuições, sem o uso da luta armada. Lógico que todas as forças progressistas não devem tomar o caminho da revolução armada sem utilizar, até o último minuto, a possibilidade da luta legal dentro das condições burguesas. Isso é importante, como assinala a Declaração dos Partidos.

Em relação à forma que adotarão os movimentos revolucionários após tomar o poder, surgem problemas de interpretação muito interessantes. Caracterizando a época, a Declaração dos 81 Partidos diz:

"Nossa época, cujo conteúdo fundamental é o da passagem do capitalismo para o socialismo iniciada pela Grande Revolução Socialista de Outubro, é a época da luta de dois sistemas sociais diametralmente opostos; é a época das revoluções socialistas e das revoluções de libertação nacional; a era da derrocada do imperialismo, da liquidação do sistema colonial, a era da passagem de cada vez mais povos para a via socialista; a era do triunfo do socialismo e do comunismo em âmbito universal".

O principal traço de nossa era consiste no fato de o sistema socialista mundial estar se convertendo no fator decisivo para o desenvolvimento da sociedade humana.

Fica patente que, embora a luta pela libertação dos povos seja muito importante, o que caracteriza o momento atual é a transição do capitalismo para o socialismo.

Em todos os continentes explorados, existem países nos quais os regimes sociais atingiram diferentes graus de desenvolvimento. Quase todos eles, porém, possuem a característica de ter fortes estratos sociais de caráter feudal e grande dependência de capitais estrangeiros. Seria lógico pensar que, na luta pela libertação, seguindo a escala natural do desenvolvimento, chegar-se-ia a governos de democracia nacional com predomínio mais ou menos acentuado das burguesias, e, de fato, isso ocorreu em muitos casos. Não obstante, os povos que tiveram de recorrer à força para lograr sua independência avançaram mais no caminho das reformas sociais, e muitos deles tornaram-se socialistas. Cuba e Argélia são os últimos exemplos palpáveis dos efeitos da luta armada no desenvolvimento das transformações sociais. Se chegarmos à conclusão de que na América o caminho pacífico está quase liquidado como possibilidade, devemos assinalar que é bastante provável que o resultado das revoluções triunfantes nesta região do mundo dê como resultado regimes de estrutura socialista.

Para chegar a isso, correrão rios de sangue. A Argélia, que ainda não se recuperou de suas feridas, o Vietnã, que ainda sangra, Angola, lutando brava e solitariamente por sua independência, a Venezuela, cujos patriotas irmanados com a causa cubana demonstraram nesses dias a mais alta e expressiva forma de solidariedade à nossa revolução, a Guatemala, em luta difícil, quase subterrânea, são exemplos palpáveis.

O sangue do povo é nosso tesouro mais sagrado, mas é preciso derramá-lo para evitar que futuramente corra mais sangue.

Em outros continentes conseguiu-se alcançar a libertação frente ao colonialismo e o estabelecimento de regimes burgueses mais ou menos sólidos. Isso se fez sem violência, ou quase sem ela, mas devemos supor, seguindo a lógica dos acontecimentos até o momento atual, que essa burguesia nacional em desenvolvimento constante, em determinado momento, entra em contradição com outras camadas da população. Deixando de existir o jugo do país opressor, ela deixa de existir como força revolucionária e se transforma por sua vez em classe exploradora, retomando-se o ciclo das lutas sociais. Pode-se ou não avançar nesse caminho pela via pacífica, mas o certo é que inevitavelmente os dois grandes elementos em luta, os explorados e os exploradores, estarão frente a frente.

Nosso dilema quanto à maneira de tomar o poder não escapou à penetração dos imperialistas ianques. Também eles querem "transição pacífica". Eles concordam em liquidar as velhas estruturas feudais subsistentes na América e em aliar-se ao setor mais avançado das burguesias nacionais, realizando algumas reformas fiscais, algum tipo de reforma no regime de propriedade da terra, uma moderada industrialização, de preferência referente a artigos de consumo, com tecnologia e matérias-primas importadas dos Estados Unidos.

A fórmula aperfeiçoada consiste em que a burguesia nacional alia-se com interesses estrangeiros, juntos criam no país indústrias novas, obtêm para essas indústrias alfandegárias produtos que possibilitam excluir a concorrência de outros países imperialistas, e os lucros assim obtidos podem ser retirados do país ao amparo de negligentes regulamentos de câmbio.

Por meio desse novíssimo e mais inteligente sistema de exploração, o próprio país "nacionalista" encarrega-se de proteger os interesses dos Estados Unidos decretando vantagens aduaneiras que permitam um lucro extra (que os próprios norte-americanos reexportarão para seu país). Naturalmente, os preços de venda do artigo, sem concorrência, são fixados pelos monopólios.

Tudo isso foi ponderado nos projetos da Aliança para o Progresso, que é apenas a tentativa imperialista de deter o desenvolvimento das condições revolucionárias dos povos por meio do sistema de repartir uma pequena quantidade de seus lucros com as classes exploradoras locais e convertê-las em firmes aliados contra as classes mais exploradas. Em suma, suprimir as contradições internas do regime capitalista o máximo possível.

Como já dissemos, na América não há forças capazes de intervir nessa luta econômica e, portanto, o jogo do imperialismo é bastante simples. Resta, como única possibilidade, um desenvolvimento cada vez mais impetuoso do Mercado Comum Europeu, sob direção alemã, que pudesse alcançar força econômica suficiente para competir com os capitais ianques nessa região. Mas o desenvolvimento das contradições e sua solução violenta são tão rápidos, hoje em dia, tão eruptivos, que dão a impressão de que a América será mais campo de batalha entre explorados e exploradores do que cenário da luta econômica entre dois imperialismos. Isso significa que as intenções da Aliança para o Progresso serão frustradas, porque a consciência das massas e as condições objetivas amadureceram demais para engolir armadilha tão ingênua.

O determinante neste momento é que a frente imperialismo-burguesia local é consistente. Nas últimas votações da OEA não houve vozes discordantes no que se referiu aos problemas fundamentais, e somente alguns governos encobriram pudicamente a nudez com a tanga das fórmulas legalistas, sem denunciar jamais a essência agressiva, contrária ao direito dessas resoluções.

O fato de Cuba ter foguetes atômicos serviu de pretexto para que todos se alinhassem com os Estados Unidos; Playa Girón não obteve o efeito contrário. Eles bem sabem que essas são armas defensivas, também sabem quem é o agressor. Acontece que, embora não o digam, todos conhecem também o verdadeiro perigo da Revolução Cubana. Os países mais submissos e, portanto, os mais cínicos, falam do perigo da subversão cubana, e eles têm razão. O perigo maior que a Revolução Cubana encerra está em seu exemplo, em sua divulgação revolucionária; no fato de que seu governo pôde elevar a têmpera desse povo, dirigido por um líder de alcance mundial como poucas vezes a história se refere.

É o exemplo aterrorizador de um povo que está disposto a imolar-se atomicamente para que suas cinzas sirvam de alicerce às sociedades novas e que, quando se chega, sem consultá-lo, a um acordo pelo qual os foguetes atômicos são retirados, não suspira de alívio, não agradece pela trégua, mas sobe de um pulo ao palco para levar sua voz própria e única, sua decisão combatente própria e única e, mais ainda, sua decisão de lutar, mesmo sozinho, contra todos os perigos e até contra a própria ameaça atômica do imperialismo ianque.

Isso faz os povos vibrarem. Eles sentem o chamado da nova voz que surge de Cuba, mais forte que todos os medos, que todas as mentiras, que todos os malefícios, mais forte que a fome secular e que todas as correntes com que os querem prender. É mais forte que o temor à represália, ao castigo mais bárbaro, à morte mais cruel, à opressão mais bestial dos exploradores. Uma voz nova de timbres claros e precisos soou no âmbito de nossa América. Essa tem sido nossa missão, e a temos cumprido e continuaremos cumprindo com toda a decisão de nossa convicção revolucionária.

Poder-se-ia perguntar: é esse o único caminho? Não podemos aproveitar as contradições do campo imperialista, buscar o apoio de setores burgueses que foram submetidos, golpeados e, por vezes, humilhados pelo imperialismo? Não se poderia procurar uma fórmula menos severa, menos autodestrutiva que essa posição cubana? Não se poderia atingir, por meio da força e da manobra política, conjuntamente, a sobrevivência de Cuba? E nós dizemos: diante da força bruta, a força e a decisão; diante daqueles que querem destruir-nos, nada mais que a vontade de lutar até o último homem para nos defender.

E essa fórmula é válida para toda a América: frente aos que querem de todo modo manter o poder contra a vontade do povo, fogo e sangue até que o último explorador seja destruído.

Como realizar essa revolução na América? Deixemos que fale a Segunda Declaração de Havana:

"Em nossos países, juntam-se as circunstâncias de uma indústria subdesenvolvida com um regime agrário de caráter feudal. É por isso que, apesar da dureza das condições de vida dos trabalhadores urbanos, a população rural vive ainda em condições de opressão e exploração mais terríveis. Mas é ela também que, salvo exceções, constitui o setor absolutamente majoritário, em proporções que, por vezes, ultrapassa 70% da população dos países latino-americanos.

Excetuando os proprietários rurais, que, muitas vezes, residem nas cidades, o restante dessa grande massa ganha seu sustento trabalhando como peões nas fazendas em troca de salários miseráveis ou lavram a terra em condições de exploração que nada ficam a dever à Idade Média. Tais circunstâncias são as que determinam que na América Latina a população pobre do campo se constitua em tremenda força revolucionária potencial.

Os Exércitos, estruturados e equipados para a guerra convencional – força sobre a qual se sustenta o poder das classes exploradoras – quando têm de enfrentar a luta irregular dos camponeses no cenário natural desses, veem-se absolutamente impotentes, perdem dez homens para cada combatente revolucionário caído e desmoralizam-se rapidamente ao ter de enfrentar um inimigo invisível e invencível que não lhes oferece oportunidade para demonstrar suas táticas de academia e as bravatas de guerra de que fazem tanto alarde ao reprimir os operários e estudantes nas cidades.

A luta inicial de reduzidos núcleos de combatentes nutre-se incessantemente de novas forças, o movimento de massas desencadeia-se, a velha ordem pouco a pouco se esfacela em mil pedaços. É quando a classe operária e as massas urbanas decidem a batalha.

O que, independentemente do número, poder e recursos de seus inimigos, torna invencíveis esses primeiros núcleos desde o começo da luta? O apoio do povo, apoio com que contarão cada vez mais.

Mas o camponês pertence a uma classe que, pelo estado de incultura em que é mantida e pelo isolamento em que vive, tem necessidade da direção revolucionária e política da classe operária e dos intelectuais revolucionários, sem as quais não poderia, sozinha, lançar-se à luta e conquistar a vitória.

Nas atuais condições históricas da América Latina, a burguesia nacional não pode dirigir a luta antifeudal e antiimperialista. A experiência demonstra que em nossas nações essa classe, mesmo quando seus interesses são contraditórios com os do imperialismo ianque, é incapaz de enfrentá-lo, paralisada pelo medo da revolução social e assustada pelo clamor das massas exploradas".

É isso que diz a Segunda Declaração de Havana e é uma espécie de ditado do que será a revolução na América. O que importa é não pensar em alianças que não estejam absolutamente dirigidas pela classe operária; não pensar em colaborações com burgueses atemorizados e traidores que destroem as forças em que se apoiaram para chegar ao poder; as armas em mãos do povo, os vastos confins de nossa América como campo de ação, o campesinato lutando por sua terra, a emboscada, a morte sem misericórdia ao opressor e, ao dá-la, recebê-la, e recebê-la com honra de revolucionário.

Esse é o panorama da América, de um continente que se prepara para lutar. Quanto mais rápido empunhar as armas, quanto mais rápido esgrimir os facões sobre as cabeças dos latifundiários, dos industriais, dos banqueiros, dos exploradores de todos os tipos e de sua cabeça visível – o exército opressor – tanto melhor.

1) Aventando como verdadeiro que o inimigo lutará para se manter no poder, é necessário pensar na destruição do exército opressor, e para destruí-lo é preciso opor-lhe um exército popular. Esse exército não nasce espontaneamente, tem de armar-se no arsenal que lhe oferece seu inimigo, e isso condiciona uma luta muito dura e longa na qual as forças populares e seus dirigentes estarão sempre expostos ao ataque de forças superiores, sem que tenham as condições adequadas de defesa e de manobra. Em contrapartida, o núcleo guerrilheiro, assentado em terrenos favoráveis à luta, garante a segurança e a permanência da direção revolucionária,

e as forças urbanas, dirigidas pelo Estado-maior do povo, podem realizar ações de incalculável importância.

A eventual destruição dos grupos urbanos não levaria à morte a alma da revolução, seu comando, que, de sua fortaleza rural, continuaria catalisando o espírito revolucionário das massas e organizando novas forças para outras batalhas.

2) O caráter continental da luta. Pode-se entender esta nova etapa da emancipação da América como o confronto de duas forças locais lutando pelo poder em determinado território? Evidentemente não, a luta será uma luta até a morte entre todas as forças populares e todas as forças repressivas.

Por solidariedade de interesses e porque a luta na América é decisiva, os ianques intervirão. E, além disso, o farão com todas as suas forças; castigarão as forças populares com todas as armas de destruição a seu alcance; impedirão que o poder revolucionário se consolide e, se algum o conseguir, voltarão a atacar, não o reconhecerão, tratarão de dividir as forças revolucionárias, introduzirão sabotadores de todo tipo, tentarão asfixiar economicamente o novo Estado; em uma palavra, aniquilá-lo.

Em razão desse panorama americano torna-se difícil atingir e consolidar a vitória em um país isolado. A união das forças repressivas deve ser respondida com a união das forças populares. Em todos os países onde a repressão chegar a níveis insustentáveis, deve ser erguida a bandeira da rebelião, e essa bandeira terá, por necessidade histórica, um caráter continental. A Cordilheira dos Andes deverá tornar-se a Sierra Maestra da América, como o disse Fidel, e todos os imensos territórios que são parte deste continente deverão tornar-se cenários de luta de morte contra o poder imperialista.

Não podemos dizer quanto tempo durará a luta nem quando assumirá essas características continentais. Podemos, porém, predizer sua vinda porque é filha de circunstâncias históricas, econômicas e políticas, e seu rumo não pode ser desviado.

Diante dessa tática e estratégia continentais lançam-se algumas fórmulas limitadas: lutas eleitorais de menor importância, algum avanço eleitoral, aqui; dois deputados, um senador, quatro Prefeituras; uma grande manifestação popular dissolvida a tiros; uma eleição que se perde por menos votos que a anterior; uma greve que é vitoriosa, dez que são derrotadas; um passo que se avança, dez que se retrocedem; uma vitória sindical aqui, dez derrotas acolá. E no momento preciso as regras do jogo são mudadas e é necessário reiniciar.

Por que essas proposições? Por que essa dilapidação das energias populares? Por uma única razão: entre as forças progressistas da América há uma confusão terrível entre objetivos táticos e estratégicos; em pequenas posições táticas tem-se tentado ver grandes objetivos estratégicos. Atribuímos à inteligência da reação o fato de se ter conseguido transformar essas mínimas posições defensivas no objetivo fundamental de seu inimigo de classe.

Nos lugares onde esses equívocos tão graves ocorrem, o povo apronta suas legiões ano após ano para conquistas que lhe custam imensos sacrifícios e que não têm o menor valor. São pequenas colinas dominadas pelo fogo de artilharia do inimigo. A colina parlamento, a colina legalidade, a colina greve econômica legal, a colina aumento de salários, a colina constituição burguesa, a colina libertação de um herói popular... E o pior de tudo é que para ganhar essas posições é preciso intervir no jogo político do Estado burguês, e para conseguir a permissão para atuar nesse jogo perigoso é preciso demonstrar que se é bom, que não se é perigoso, que a ninguém ocorrerá assaltar quartéis ou trens, sem destruir pontes nem justiçar esbirros ou torturadores, nem se rebelar nas montanhas, nem levantar com punho forte e definitivo a única e violenta afirmação da América: a luta final por sua redenção.

É um quadro contraditório, o da América: direções de forças progressistas que não estão à altura dos dirigidos; povos que sobem a alturas desconhecidas; povos que ardem em desejos de fazer e direções que freiam seus desejos. A hecatombe deixando-se entrever no território da América, e o povo, sem medo, avançando rumo à hecatombe que, contudo, significará a redenção definitiva. Os inteligentes, os sensatos, aplicando os freios a seu alcance sobre o ímpeto das massas, desviando seu incontível afã de obter as grandes conquistas estratégicas: a tomada do poder político, o aniquilamento do Exército, do sistema de exploração do homem pelo homem. Contraditório, mas alvissareiro. As massas sabem que "o papel de Jó não se coaduna com o de revolucionário" e se preparam para a batalha.

O imperialismo continuará perdendo uma a uma suas posições ou lançará, bestial, como acaba de ameaçar, um ataque nuclear que incendeie o mundo em uma fogueira atômica? Não podemos responder. O que afirmamos é que temos de caminhar pela vereda da libertação, mesmo que isso custe milhões de vítimas atômicas, porque na luta de morte entre dois sistemas não se pode pensar em nada que não a vitória definitiva do socialismo ou seu retrocesso com a vitória nuclear da agressão imperialista.

Cuba está à beira da invasão; está ameaçada pelas forças mais potentes do imperialismo mundial e, portanto, pela morte atômica. De sua trincheira, que não admite retirada, lança à América seu definitivo chamado ao combate.

Combate que não será decidido em uma hora ou em uns minutos de batalha terrível, que poderá definir-se em anos de contendas esgotadoras em todos os rincões do continente, em meio a sofrimentos atrozes. O ataque das forças imperialistas e das burguesias aliadas colocará, algumas vezes, os movimentos populares à beira da destruição, mas estes sempre se renovarão pela força do povo, até o instante da libertação total.

De sua solitária trincheira de vanguarda, nosso povo solta sua voz. Não é o canto do cisne de uma revolução em derrota, é um hino revolucionário destinado a eternizar-se nos lábios dos combatentes da América. Tem ressonâncias de história.

CAPÍTULO 8

Guerra de guerrilhas: um método

A GUERRA DE GUERRILHAS FOI UTILIZADA inúmeras vezes na história, em diferentes condições e em busca de diferentes objetivos. Ultimamente tem sido usada em diversas guerras populares de libertação em que a vanguarda do povo escolheu o caminho da luta armada irregular contra inimigos de maior potencial bélico. A Ásia, a África e a América Latina foram cenário dessas ações quando se tratou de alcançar o poder em luta contra a exploração feudal, neocolonial ou colonial. Na Europa, foi empregada como complemento dos Exércitos próprios ou aliados.

Na América, recorreu-se à guerra de guerrilhas em diferentes oportunidades. Como antecedente mediato mais próximo pode-se citar a experiência de César Augusto Sandino, lutando contra as forças expedicionárias ianques na serra de Segóvia, na Nicarágua, e, recentemente, a guerra revolucionária de Cuba. A partir daí, na América, nas discussões teóricas dos partidos progressistas do continente, colocam-se os problemas da guerra de guerrilhas, e a possibilidade e conveniência de sua utilização se tornam assunto de polêmicas.

Nessas notas, trataremos de expressar nossas ideias sobre a guerra de guerrilhas e qual seria sua utilização correta.

Em primeiro lugar é necessário ter claro que essa modalidade de luta é um método, um método para alcançar um objetivo. Esse objetivo, indispensável, ineludível para qualquer revolucionário, é a conquista do poder político. Portanto, nas análises das situações específicas dos diferentes países da América, o conceito de guerrilha deve ser empregado reduzido à simples categoria de método de luta para lograr aquele objetivo.

A pergunta surge quase de imediato: o método da guerra de guerrilhas é a única fórmula para a tomada de poder em toda a América? Ou, então, será a forma predominante? Ou, será, simplesmente, mais uma entre todas as fórmulas usadas para a luta? Finalmente, perguntar-se-á: será aplicável a outras realidades continentais o exemplo de Cuba? Nas polêmicas, costuma-se criticar os que querem fazer a guerra de guerrilhas, acrescentando que eles se esquecem da luta de massas, quase como se fossem métodos contraditórios. Rechaçamos o conceito que tal posição encerra: a guerra de guerrilhas é uma guerra do povo, é uma luta de massas. Pretender realizar esse tipo de guerra sem o apoio da população é o prelúdio de um desastre inevitável. A guerrilha é a vanguarda combatente do povo, situada em um lugar determinado de um dado território, armada, disposta a desenvolver uma série de ações bélicas dirigidas para o único fim estratégico possível: a tomada do poder. Tal guerrilha é apoiada pelas massas camponesas e operárias da região e de todo o território em que atua. Sem essas premissas, não se pode admitir a guerra de guerrilhas.

"Em nossas condições americanas, entendemos que a Revolução Cubana fez três contribuições fundamentais à mecânica dos movimentos revolucionários na América. São elas: primeiro, as forças populares podem ganhar uma guerra contra o Exército; segundo, nem sempre é preciso esperar que sejam dadas todas as condições para a revolução, o foco insurrecional pode criá-las; terceiro, na América subdesenvolvida, o terreno da luta armada deve ser, fundamentalmente, o campo." (*A guerra de guerrilhas*)

Tais são as contribuições para o desenvolvimento da luta revolucionária na América, e elas podem ser aplicadas a qualquer país de nosso continente onde se vá desenvolver uma guerra de guerrilhas.

A Segunda Declaração de Havana acentuou que: "Em nossos países, juntam--se as circunstâncias de uma indústria subdesenvolvida com um regime agrário de caráter feudal. É por isso que, apesar da dureza das condições de vida dos trabalhadores urbanos, a população rural vive ainda em condições de opressão e exploração mais terríveis. Mas é ela também que, salvo exceções, constitui o setor absolutamente majoritário, em proporções que, por vezes, ultrapassam 70% da população latino-americana.

Excetuando os proprietários rurais, que, muitas vezes, residem nas cidades, o restante dessa grande massa ganha seu sustento trabalhando como peões nas fazendas em troca de salários miseráveis ou lavram a terra em condições de exploração que nada ficam a dever à Idade Média. Tais circunstâncias são as que determinam que na América Latina a população pobre do campo se constitua em tremenda força revolucionária potencial.

Os Exércitos, estruturados e equipados para a guerra convencional – força sobre a qual se sustenta o poder das classes exploradoras –, quando têm de enfrentar a luta irregular dos camponeses no cenário natural destes, veem-se absolutamente impotentes, perdem dez homens para cada combatente revolucionário caído e desmoralizam-se rapidamente ao ter de enfrentar um inimigo invisível e invencível que não lhes oferece oportunidade para demonstrar suas táticas de academia e bravatas de guerra de que fazem tanto alarde ao reprimir os operários e estudantes nas cidades.

A luta inicial de reduzidos núcleos de combatentes nutre-se incessantemente de novas forças, o movimento de massas desencadeia-se, a velha ordem pouco a pouco se esfacela em mil pedaços. É quando a classe operária e as massas urbanas decidem a batalha.

O que, independentemente do número, poder e recursos de seus inimigos, torna invencíveis esses primeiros núcleos desde o começo da luta? O apoio do povo, apoio com que contarão cada vez mais.

Mas o camponês pertence a uma classe que, pelo estado de incultura em que é mantido e pelo isolamento em que vive, tem necessidade da direção revolucionária e política da classe operária e dos intelectuais revolucionários, sem a qual não poderia, sozinha, lançar-se à luta e conquistar a vitória.

Nas atuais condições históricas da América Latina, a burguesia nacional não pode dirigir a luta antifeudal e anti-imperialista. A experiência demonstra que em nossas nações essa classe, mesmo quando seus interesses são contraditórios com os do imperialismo ianque, é incapaz de enfrentá-lo, paralisada pelo medo da revolução social e assustada pelo clamor das massas exploradas".

Completando o alcance dessas afirmações que constituem a essência da declaração revolucionária da América, a Segunda Declaração de Havana expressa em outros parágrafos o seguinte: "As condições subjetivas de cada país, isto é, o fator consciência, organização, direção, pode acelerar ou atrasar a revolução conforme seu maior ou menor grau de desenvolvimento; cedo ou tarde, porém, em cada época histórica, quando as condições objetivas amadurecem, a consciência é adquirida, a organização é alcançada, a direção surge e a revolução se produz.

Que ela se dê por vias pacíficas ou venha ao mundo após um parto doloroso, não depende dos revolucionários, depende das forças reacionárias da velha sociedade que resistem ao nascimento da sociedade nova, fruto das contradições no seio da velha sociedade. Na história, a revolução é como o médico que assiste o nascimento de uma nova vida. Não usa desnecessariamente os aparelhos de força, mas os usa sem vacilações sempre que sejam necessários para ajudar o parto, parto que traz às massas escravizadas e exploradas a esperança de uma vida melhor.

Em muitos países da América Latina a revolução é hoje inevitável. Esse fato não determina nenhuma vontade. É determinado pelas espantosas condições de exploração em que vive o homem americano, o desenvolvimento da consciência revolucionária das massas, a crise mundial do imperialismo e o movimento universal de luta dos povos subjugados".

Partiremos desses fundamentos para analisar toda a questão guerrilheira na América.

Deixamos estabelecido que é um método de luta para obter um fim. O que interessa, em primeiro lugar, é analisar o fim e ver se, na América, pode-se atingir o poder por outro modo que não pela luta armada.

A luta pacífica pode ser conduzida mediante movimentos e massas e pode obrigar – em situações especiais de crise – os governos a ceder, com as forças populares eventualmente ocupando o poder e estabelecendo a ditadura proletária. Teoricamente está correto. Analisando-se o dito anteriormente no panorama da América, chegaremos às seguintes conclusões: neste continente existem, em geral, condições objetivas que impelem as massas a ações violentas contra os governos da burguesia e dos proprietários de terras; em muitos outros países existem crises de poder e algumas condições subjetivas. É claro que, nos países em que todas as condições estão dadas, seria até mesmo criminoso não agir com vistas à tomada do poder. Naqueles onde isso não ocorre, é lícito que apareçam diferentes alternativas e que da discussão teórica surja a decisão aplicável a cada país. A única coisa que a história não admite é que os analistas e os executores da política do proletariado se enganem. Ninguém pode solicitar o cargo de partido de vanguarda como um diploma oficial fornecido pela universidade. Ser partido de vanguarda é estar à frente da classe operária na luta pela tomada do poder, saber guiá-la à sua posse e pelos atalhos, inclusive. Essa é a missão de nossos partidos revolucionários, e a análise deve ser profunda e exaustiva para que não haja equívocos.

Vê-se, hoje em dia, na América, um estado de equilíbrio instável entre a ditadura oligárquica e a pressão popular. Usamos a palavra oligárquica pretendendo definir a aliança reacionária entre as burguesias de cada país e suas classes de proprietários fundiários, com maior ou menor preponderância das estruturas feudais. Essas ditaduras têm existência em determinados marcos de legalidade que elas mesmas se concederam para seu melhor trabalho durante todo o período irrestrito de dominação de classe. Passamos, porém, por uma etapa em que as pressões populares são muito fortes; elas batem às portas da legalidade burguesa e esta tem de ser violada, por seus próprios autores, para deter o impulso das massas. Mas essas violações descaradas, contrárias a toda legislação preestabelecida – ou estabelecida posteriormente a fim de justificar o fato –, põem em maior tensão as forças populares. Por isso, a ditadura oligárquica procura utilizar os velhos ordenamentos legais para mudar a constitucional idade e asfixiar ainda mais o proletariado sem um choque frontal. É aqui, todavia, que se produz a contradição. O povo já não suporta as antigas, e menos ainda as novas, medidas coercitivas estabelecidas pela ditadura e trata de rompê-las. Não devemos esquecer jamais o caráter classista, autoritário e restritivo do Estado burguês. Disse Lenin: "O Estado é produto e manifestação do caráter irreconciliável das contradições de classe. O Estado surge no lugar, no momento e no grau em que as contradições de classe não podem, objetivamente, conciliar-se. E vice-versa: a existência do Estado demonstra que as contradições de classe são irreconciliáveis". (*O Estado e a revolução*)

Quer dizer, não devemos admitir que a palavra democracia, utilizada de forma apologética para representar a ditadura das classes exploradas, perca sua profundidade de conceito e adquira o significado de algumas liberdades mais ou menos ótimas dadas ao cidadão. Lutar somente para conseguir a restauração de certa legalidade burguesa sem propor-se, em troca, o problema do poder revolucionário é lutar para retornar a certa ordem ditatorial preestabelecida pelas classes sociais dominantes: é, sempre, lutar pela colocação de grilhões que tragam na ponta uma bola menos pesada para o prisioneiro.

Nessas condições de conflito, a oligarquia rompe seus próprios acordos, sua própria aparência de "democracia", e ataca o povo, embora sempre procure lançar mão dos métodos da superestrutura que formou para a opressão. Nesse momento volta a ser colocado o dilema: O que fazer? E nós respondemos: a violência não é patrimônio dos exploradores, os explorados podem usá-la e, mais ainda, devem usá-la no momento adequado. Martí dizia: "É criminoso quem promove em um país a guerra que se pode evitar e quem deixa de promover a guerra inevitável".

Lenin, por outro lado, afirmava: "A social-democracia não olhou nem olha a guerra de um ponto de vista sentimental. Condena de forma absoluta a guerra como recurso feroz para solucionar as divergências entre os homens, mas sabe que as guerras são inevitáveis enquanto a sociedade estiver dividida em classes, enquanto existir a exploração do homem pelo homem. E para acabar com essa exploração não podemos prescindir da guerra, iniciada em todos os lugares pelas próprias classes exploradoras, dominantes e opressoras". Isso foi dito em 1905. Mais tarde, em *O programa militar da revolução proletária*, analisando profundamente o caráter da luta de classes, afirmava: "Quem admitir a luta de classes tem de admitir as guerras civis que, em toda sociedade de classes, representam a continuação, o desenvolvimento e o recrudescimento – naturais e em determinadas circunstâncias inevitáveis – da luta de classes. Todas as grandes revoluções o confirmam. Negar as guerras civis ou esquecê-las seria cair num oportunismo extremo e renegar a revolução socialista".

Isso quer dizer que não devemos temer a violência, a parteira das sociedades novas, mas essa violência deve ser desencadeada exatamente no momento preciso em que os dirigentes do povo tenham encontrado as circunstâncias mais favoráveis.

Quais serão essas circunstâncias? Dependem, subjetivamente, de dois fatores que se complementam e se aprofundam no decorrer da luta: a consciência da necessidade da mudança e a certeza da possibilidade dessa mudança revolucionária; tais fatores, unidos às condições objetivas – enormemente favoráveis em quase toda a América para o desenvolvimento da luta –, à firmeza na vontade de alcançá-lo e às novas correlações de forças no mundo, condicionam um modo de atuar.

Por mais distantes que estejam os países socialistas, sempre se fará sentir sua influência benfazeja sobre os povos em luta e seu exemplo dará mais forças. Fidel Castro dizia em 26 de julho passado (1963): "O dever dos revolucionários, sobretudo neste instante, é saber perceber, saber captar as mudanças na correlação de forças ocorridas no mundo e compreender que essa mudança facilita a luta dos povos. O dever dos revolucionários latino-americanos não está em esperar que a mudança na correlação de forças produza o milagre das revoluções sociais na América Latina, mas aproveitar integralmente tudo o que favorece ao movimento revolucionário tal mudança na correlação de forças. E fazer a Revolução!".

Existem aqueles que dizem: "Admitamos que a guerra revolucionária seja o meio adequado, em certos casos específicos, para conquistar o poder político. Mas onde encontraríamos os grandes dirigentes, os Fidel Castro que nos levassem ao triunfo?". Fidel Castro, como todo ser humano, é um produto da história. Os chefes militares e políticos que dirigirem as lutas insurrecionais na América, unidos, se possível, em uma só pessoa, aprenderão a arte da guerra fazendo-a. Inexiste ofício ou profissão que se possa aprender apenas nos manuais. Nesse caso, a luta é a grande mestra.

Evidentemente a tarefa não será simples nem estará isenta de graves perigos durante seu transcorrer.

No desenvolvimento da luta armada, surgem dois momentos de extremo perigo para o futuro da revolução. O primeiro deles se inicia na etapa preparatória, e o modo pelo qual se o resolve dá a medida da decisão de luta e clareza de objetivos das forças populares. Quando o Estado burguês avança contra as posições do povo é preciso, evidentemente, que se produza um processo de defesa contra o inimigo que, nesse momento de superioridade, ataca. Se as condições objetivas e subjetivas mínimas já se desenvolveram, a defesa deve ser armada, mas de tal forma que as forças populares não se tornem meros alvos dos golpes do inimigo. Tampouco se pode permitir que o cenário da defesa armada transforme-se, simplesmente, em último refúgio dos perseguidos. A guerrilha, movimento defensivo do povo em determinado momento, deve desenvolver constantemente a capacidade que tem de atacar o inimigo. É essa capacidade que, com o tempo, determina seu caráter de catalisador das forças populares. Isso significa que a guerrilha não é autodefesa passiva, mas defesa com ataque e, a partir do momento que se propõe como tal, tem por perspectiva final a conquista do poder político.

Esse momento é importante. Nos processos sociais, a diferença entre violência e não violência não pode ser medida pelas quantidades de tiros trocados, responde a situações concretas e flutuantes. E é preciso que se saiba perceber o instante em que as forças populares, conscientes de sua debilidade relativa, mas ao mesmo tempo conscientes de sua força estratégica, devem obrigar o inimigo a dar os passos necessários a fim de que a situação não retroceda. É preciso violentar o equilíbrio ditadura oligárquica–pressão popular. A ditadura sempre tenta manter-se sem usar a força com muito alarde. Ao forçá-la a mostrar-se sem disfarces, ou seja, em seu verdadeiro aspecto de ditadura violenta das classes reacionárias, contribuiremos para seu desmascaramento, o que aprofundará a luta a extremos tais que o retorno será impossível. Do modo pelo qual as forças populares cumprem sua função de forçar a ditadura a definir-se – retroceder ou desencadear a luta – depende o começo firme de uma ação armada de longo alcance.

Evitar o outro momento perigoso depende do poder de desenvolvimento crescente das forças populares. Marx recomendava sempre que, uma vez começado o processo revolucionário, o proletariado devia golpear seguidas vezes, sem tréguas. Revolução que não se aprofunda constantemente é revolução que regride. Os combatentes, cansados, começam a perder a confiança, e algumas das manobras às quais a burguesia nos acostumou podem frutificar. Talvez ocorram eleições com entrega do poder a outro senhor de voz mais melíflua e cara mais angelical que o ditador de turno ou um golpe dado pelos reacionários, geralmente comandados pelo Exército e apoiando-se direta ou indiretamente nas forças progressistas. Ainda outras são possíveis, mas não é nossa intenção analisar estratagemas táticos.

Chamamos a atenção, principalmente, para o golpe militar. Com que podem os militares contribuir para a verdadeira democracia? Que lealdade se pede daqueles que são simples instrumentos de dominação das classes reacionárias e dos monopólios imperialistas, de uma casta que só existe em função das armas que possui e só aspiram a manter suas prerrogativas?

Quando, em situações difíceis para os opressores, os militares conspirarem e derrubarem um ditador na verdade já vencido, é preciso ter claro que só o derrubam por já não ser capaz de preservar suas prerrogativas de classe sem lançar mão de violência extrema, o que, em geral, hoje não convém aos interesses das oligarquias.

Essa afirmação não significa, de modo algum, que se descarte a participação dos militares como combatentes individuais, separados do meio social em que atuaram e, na verdade, rebelados contra ele. E essa participação deve se dar dentro de limites traçados pela direção revolucionária à qual pertencerão como combatentes individuais e não como representantes de uma casta.

Há muito tempo, no prefácio à terceira edição de A *guerra civil em França*, dizia Engels: "Os operários, depois de cada revolução, estavam armados; por isso, o primeiro mandamento dos burgueses que se achavam à frente do Estado era o desarmamento dos trabalhadores. É por isso que após cada revolução ganha pelos operários começava uma nova luta que terminava pela derrota deles". (citado por Lenin em O *Estado e a revolução)*

Esse jogo de lutas contínuas em que se alcança uma mudança formal de qualquer tipo e se retrocede estrategicamente repetiu-se durante dezenas de anos no mundo capitalista. E ainda pior, o logro permanente do proletariado repete-se, nesse aspecto, há mais de um século, periodicamente.

Também é perigoso que, levados pelo desejo de manter durante algum tempo condições mais favoráveis para a ação revolucionária por meio do uso de determinados aspectos da legalidade burguesa, os dirigentes dos partidos progressistas confundam os fins, o que é muito comum no decorrer da ação, e se esqueçam do objetivo estratégico definitivo: *a tomada do poder*.

Esses dois momentos difíceis da revolução, os quais analisamos sumariamente, são afastados quando os partidos dirigentes marxistas-leninistas são capazes de ver com clareza as implicações do momento e de mobilizar as massas ao máximo, levando-as pelo caminho justo da resolução das contradições fundamentais.

No desenvolvimento do tema partimos do pressuposto de que eventualmente a ideia da luta armada e também a fórmula da guerra de guerrilhas como método de combate serão aceitas. Por que entendemos que, nas atuais condições da América, a guerra de guerrilhas é o caminho correto? Há argumentos fundamentais que, no nosso entender, determinam a necessidade da ação guerrilheira na América como forma fundamental de luta.

1) Aceitando como verdadeiro que o inimigo lutará para se manter no poder, é necessário pensar na destruição do exército opressor, e para destruí-lo é preciso opor a ele um exército popular. Esse exército não nasce espontaneamente, tem de se armar no arsenal que lhe oferece seu inimigo, e isso condiciona uma luta muito dura e longa na qual as forças populares e seus dirigentes estarão sempre expostos ao ataque de forças superiores, sem que tenham as condições adequadas de defesa e de manobra.

Em contrapartida, o núcleo guerrilheiro, assentado em terrenos favoráveis à luta, garante a segurança e permanência da direção revolucionária. As forças urbanas, dirigidas pelo Estado-maior do povo, podem realizar ações de incalculável importância. A eventual destruição desses grupos não levaria à morte a alma da revolução, seu comando que, de sua fortaleza rural, continuaria catalisando o espírito revolucionário das massas e organizando novas forças para outras batalhas.

Além disso, tem início, nessa zona, a estruturação do futuro aparelho do Estado, encarregado de dirigir eficazmente a ditadura de classe durante todo o período de transição. Quanto mais longa for a luta, maiores e mais complexos serão os problemas administrativos, e em sua solução serão treinados os quadros para a difícil tarefa da consolidação do poder e do desenvolvimento econômico em uma etapa futura.

2) A situação geral do campesinato latino-americano e o caráter cada vez mais explosivo de sua luta contra as estruturas feudais, no quadro de uma situação de aliança entre exploradores locais e estrangeiros.

Voltando à Segunda Declaração de Havana: "Os povos da América libertaram-se do colonialismo espanhol no início do século passado, mas não se livraram da exploração. Os grandes proprietários assumiram a autoridade dos governantes espanhóis, os índios continuaram em penosa servidão, o homem latino-americano, de uma ou de outra forma, continuou escravo, e as mínimas esperanças dos povos sucumbem sob o poder das oligarquias e da sujeição do capital estrangeiro. Essa tem sido a verdade da América, com diferentes matizes, diferentes variantes. Hoje a América Latina encontra-se submetida a um imperialismo muito mais feroz, muito mais poderoso e desapiedado que o imperialismo colonial espanhol.

E diante da realidade objetiva e historicamente inexorável da revolução latino-americana, qual é a atitude do imperialismo ianque? Preparar-se para travar uma guerra colonial com os povos da América Latina; criar o instrumento de força, os pretextos políticos e os meios pseudolegais que subscrevem com os representantes das oligarquias reacionárias para reprimir a sangue e fogo a luta dos povos latino-americanos".

Essa situação objetiva nos mostra a força adormecida, inexplorada, em nossos camponeses, e a necessidade de utilizá-la para a libertação da América.

3) O caráter continental da luta.

Pode-se entender esta nova etapa da emancipação da América como o confronto de duas forças locais lutando pelo poder em determinado território? Dificilmente. A luta será uma luta até a morte entre todas as forças populares e todas as forças de repressão. Os parágrafos acima citados já o predizem.

Por solidariedade de interesses e porque a luta na América é decisiva, os ianques intervirão. Na verdade, já intervêm na preparação das forças repressivas e na organização de um instrumento continental de luta. Mas, de agora em diante, o farão com todas as suas energias; castigarão as forças populares com todas as armas de destruição a seu alcance; impedirão que o poder revolucionário se consolide e, se algum o conseguir, voltarão a atacar, não o reconhecerão, tratarão de dividir as forças revolucionárias, introduzirão sabotadores de todo tipo, criarão problemas fronteiriços, lançarão outros Estados reacionários contra ele, tentarão asfixiar economicamente o novo Estado, em uma palavra, aniquilá-lo.

Em razão desse panorama americano torna-se difícil atingir e consolidar a vitória em um país isolado. A união das forças repressivas deve ser respondida com a união das forças populares. Em todos os países onde a repressão chegar a níveis insustentáveis, deve ser erguida a bandeira da rebelião, e essa bandeira terá, por necessidade histórica, um caráter continental. A Cordilheira dos Andes deverá tornar-se a Sierra Maestra da América, como o disse Fidel, e todos os imensos territórios que são parte deste continente deverão tornar-se cenários de luta de morte contra o poder imperialista.

Não podemos dizer quando assumirá essas características continentais nem quanto tempo durará a luta. Podemos, porém, predizer sua vinda e seu triunfo, porque é o resultado de circunstâncias históricas, econômicas e políticas inevitáveis, e seu rumo não pode ser desviado. Iniciá-la quando as condições se apresentarem, independentemente da situação de outros países, é a tarefa da força revolucionária de cada país. O desenvolvimento da luta irá condicionando a estratégia geral; a previsão sobre o caráter continental é fruto da análise das forças de cada contendor, mas isso não exclui, de modo algum, a insurreição independente. Assim como o início da luta em um ponto do país deverá desenvolvê-la em todo o país, o início da guerra revolucionária contribui para desenvolver novas condições nos países vizinhos.

O desenvolvimento das revoluções produz-se normalmente por meio de fluxos e refluxos inversamente proporcionais: ao fluxo revolucionário corresponde o refluxo contrarrevolucionário e, inversamente, nos momentos de descanso revolucionário, há um ascenso contrarrevolucionário. Nesses momentos a situação das forças populares torna-se difícil, e elas devem recorrer aos melhores meios de defesa para minimizar os danos. O inimigo é extremamente forte, continental. Por isso não podemos analisar as debilidades relativas das burguesias locais com vistas a tomar decisões de âmbito restrito. Menos ainda pensar em eventual aliança dessas oligarquias com o povo em armas. A Revolução Cubana fez soar o sinal de alarme. A polarização de forças será total: exploradores de um lado e explorados do outro. A massa da pequena burguesia tenderá para um dos lados, de acordo com seus interesses e a correção da política com que seja tratada. A neutralidade será exceção. Assim será a guerra revolucionária.

Como poderia iniciar um foco guerrilheiro?

Núcleos relativamente pequenos de pessoas escolhem locais favoráveis para a guerra de guerrilhas, seja com a intenção de desatar um contra-ataque, seja com a de obter refúgio, e ali começam a atuar. É preciso que esteja bem claro que, no primeiro momento, a debilidade relativa da guerrilha é tamanha que só deverá trabalhar para se fixar ao terreno, para conhecer o meio ambiente, estabelecendo ligações com a população e reforçando os lugares que eventualmente virão a tornar-se suas bases de apoio.

Existem três condições para que uma guerrilha iniciada conforme as premissas aqui expostas possa sobreviver: mobilidade constante, vigilância constante, desconfiança constante. Sem o uso adequado desses três elementos da tática militar, a guerrilha dificilmente sobreviverá. Lembremo-nos de que o heroísmo do guerrilheiro, nesse momento, consiste na grandeza do objetivo a alcançar e na enorme série de sacrifícios que deverá realizar para atingi-lo.

Tais sacrifícios não serão o combate diário, a luta frente a frente com o inimigo; assumirão formas mais sutis e mais irresistíveis para o corpo e para a mente do indivíduo que está na guerrilha.

Provavelmente serão castigados duramente pelos Exércitos inimigos; por vezes divididos em grupos; os que caírem prisioneiros serão martirizados; serão perseguidos como animais acossados dentro das zonas que escolheram para sua atuação; terão a inquietação constante de ver inimigos no rastro da guerrilha; viverão desconfiando de tudo, já que os camponeses temerosos os denunciarão, em alguns casos, para, com o desaparecimento do pretexto se verem livres das tropas repressivas; viverão sem outra alternativa a não ser a morte ou a vitória, em momentos em que a morte é uma imagem mil vezes presente e a vitória o mito que só um revolucionário pode sonhar.

Esse é o heroísmo da guerrilha, por isso se diz que caminhar também é uma forma de combater, que eludir o combate num momento determinado é apenas uma forma de combater. Perante a superioridade geral do inimigo, o objetivo deve ser o de encontrar uma forma tática de alcançar uma superioridade relativa em um ponto escolhido, seja concentrando mais efetivos que ele, seja garantindo vantagens no aproveitamento do terreno que invertam a correlação de forças. Nessas condições assegurar-se-á a vitória tática; não estando clara a superioridade relativa, é preferível não atuar. Não se deve dar combate que não redunde em vitória, sempre que se puder escolher como e quando se dará.

No quadro da grande ação político-militar de que é um elemento, a guerrilha irá crescendo e se consolidando. Formar-se-ão as bases de apoio, elemento fundamental para que o exército guerrilheiro possa prosperar. Tais bases de apoio são pontos nos quais o exército inimigo só pode penetrar sofrendo grandes perdas; são bastiões da revolução, refúgio e ponto de impulso da guerrilha para incursões cada vez mais distantes e atrevidas.

Chega-se a esse momento se, simultaneamente, forem superadas as dificuldades de ordem tática e política. Os guerrilheiros não devem jamais esquecer sua função de vanguarda do povo, o mandato que encarnam e, portanto, devem criar as condições políticas necessárias para o estabelecimento do poder revolucionário baseado no apoio total das massas. As grandes reivindicações do campesinato devem ser satisfeitas na medida e na forma que as circunstâncias exigirem, fazendo da população um todo compacto e decidido.

Se a situação militar, nos primeiros tempos, é difícil, a situação política não o será menos delicada. Se um único erro militar pode liquidar a guerrilha, um erro político pode limitar seu desenvolvimento durante grandes períodos. A luta é político-militar, e é dessa forma que é preciso desenvolvê-la e, portanto, entendê-la.

Em seu processo de crescimento, a guerrilha chega a um ponto em que sua capacidade de ação cobre determinada região para a qual possui homens em demasia. Eis que começa o efeito de colmeia, no qual um dos chefes, guerrilheiro que se destacou, passa para outra região e vai repetindo a cadeia de desenvolvimento da guerra de guerrilhas, sujeita, essa sim, a um comando central.

É preciso destacar, porém, que não se pode pretender a vitória sem a formação de um exército popular. As forças guerrilheiras poderão ampliar-se, as forças populares, nas cidades e em outras zonas permeáveis do inimigo, poderão causar danos a este, mas o potencial militar da reação ainda estaria intacto. Não se pode esquecer de que o resultado final deve ser o aniquilamento do adversário. Para isso, todas essas zonas novas que se criam, somadas às zonas de retaguarda inimiga, onde é possível a infiltração, e às forças populares que operam nas cidades principais devem ter uma relação de dependência a um comando. Não se pode pretender que exista o ordenamento hierárquico rígido que caracteriza um Exército, mas sim um ordenamento estratégico. Dentro de determinadas condições de liberdade de ação as guerrilhas devem cumprir todas as ordens estratégicas do comando central instalado na mais segura, na mais forte das zonas guerrilheiras, preparando as condições para a união das forças em um momento determinado.

A guerra de guerrilhas ou guerra de libertação terá em geral três momentos: primeiro o da defensiva estratégica. Nesse, a pequena força morde o inimigo e foge. Não se refugia para cair na defesa passiva num terreno limitado, mas, precisamente, sua defesa consiste em ataques limitados que se possa realizar. Passado esse momento, chega-se a um ponto de equilíbrio no qual se estabilizam as possibilidades de ação do inimigo e da guerrilha e, em seguida, o momento final de superação do exército repressivo que levará à tomada das grandes cidades; aos grandes combates decisivos, ao aniquilamento total do adversário.

Chegado ao ponto de equilíbrio em que ambas as forças se respeitam, a guerra de guerrilhas, seguindo seu desenvolvimento, adquire características novas. Introduz-se o conceito de manobra, grandes colunas que atacam pontos fortes, guerra de movimentos com deslocamentos de forças e meios de ataque de relativa potência. Devido, porém, à capacidade de resistência e contra-ataque que o inimigo ainda conserva, essa guerra de manobras não substitui a guerrilha definitivamente. Ela é apenas uma forma de atuação desta, uma grandeza superior das forças guerrilheiras, até que, por fim, elas se cristalizam em um exército popular com corpos de Exército. Mesmo nesse instante, as guerrilhas, em seu estado de "pureza", precederão as ações das forças principais, liquidando as comunicações e sabotando todo o sistema defensivo do inimigo.

Predissemos que a guerra será continental. Isso significa também que será prolongada; exigirá numerosas frentes, custará muito sangue e inúmeras vidas durante longo tempo. Mas não é tudo, os fenômenos de polarização de forças que ocorrem na América e a clara divisão entre exploradores e explorados que existirá nas guerras revolucionárias futuras significam que, ao se dar a tomada do poder pela vanguarda armada do povo, o país ou os países que o conseguirem terão liquidado de uma só vez, no opressor, os imperialistas e os exploradores nacionais. Ter-se-á cristalizado a primeira etapa da revolução socialista, os povos estarão prontos para curar suas feridas e iniciar a construção do socialismo.

Haveria outras possibilidades menos cruentas?

De há muito realizou-se a última divisão do mundo e nela coube aos Estados Unidos a parte do leão em nosso continente. Hoje novamente se desenvolvem os imperialistas do velho mundo e a pujança do Mercado Comum Europeu atemoriza os próprios norte-americanos. Isso poderia fazer pensar na possibilidade de assistir como espectadores à pugna interimperialista para, em seguida, avançar, talvez em aliança com as burguesias nacionais mais fortes. Sem contar que a política passiva nunca traz bons resultados na luta de classes e que as alianças com a burguesia, por revolucionária que essa possa parecer em determinado momento, têm apenas caráter transitório, há razões de tempo que nos obrigam a tomar outro partido. O aguçamento da contradição fundamental parece ser tão rápido na América que prejudica o desenvolvimento "normal" das contradições do campo imperialista em sua luta por mercados.

As burguesias nacionais uniram-se ao imperialismo norte-americano – a maioria – e devem ter o mesmo destino que este em cada país. Mesmo nos casos em que se produzam pactos ou coincidências de contradições entre o imperialismo norte-americano e a burguesia nacional somada a outros imperialismos, tal se dá no quadro de uma luta fundamental que englobará necessariamente, no curso de seu desenvolvimento, *a todos os explorados e a todos os exploradores*. A polarização de forças antagônicas de adversários de classes é, até o momento, mais rápida que o desenvolvimento das contradições entre os exploradores pela divisão dos despojos. Existem dois campos. A alternativa se torna mais clara para cada indivíduo e para cada camada especial da população.

A Aliança para o Progresso é uma tentativa de frear o irrefreável.

Mas se o avanço do Mercado Comum Europeu ou qualquer outro grupo imperialista sobre os mercados americanos fosse mais veloz que o desenvolvimento da contradição fundamental, restaria apenas introduzir as forças populares como cunha na brecha aberta, conduzindo-as à luta e utilizando os novos instrusos com clara consciência de quais são seus objetivos finais.

Não se deve entregar uma posição, uma arma, um segredo ao inimigo de classe, sob pena de perder tudo.

Na verdade, a eclosão da luta americana já se deu. Seu centro estará na Venezuela, Guatemala, Colômbia, Peru, Equador...? Serão essas escaramuças atuais apenas manifestações de uma inquietação que não frutificou? Não importa qual será o resultado das lutas hoje travadas. Não importa, para o resultado final, que um ou outro movimento seja transitoriamente derrotado. O definitivo é a decisão de luta que amadurece dia a dia, a consciência da necessidade da mudança revolucionária, a certeza de sua possibilidade.

É uma predição. Fazêmo-la com o convencimento de que a história nos dará razão. A análise dos fatores objetivos e subjetivos da América e do mundo imperialista nos indica a certeza dessas afirmações baseadas na Segunda Declaração de Havana.

(Setembro de 1963)

CAPÍTULO 9

A influência da Revolução Cubana na América Latina

ANTES DE MAIS NADA, tenho de pedir desculpas porque tinha a intenção de preparar alguns dados e números que expressassem mais claramente algumas análises sobre a América Latina em geral, suas relações com o imperialismo e as relações com o governo revolucionário cubano. Porém, como sempre nesses casos as boas intenções se reduziram a apenas isso, e tenho de falar de memória, não citarei números, mas questões de conceitos gerais.

Não pretendo fazer uma longa história da penetração do imperialismo na América, mas é bom saber que a parte do continente americano chamada de América Latina viveu, quase sempre, sob o jugo de grandes monopólios imperiais. Os senhores sabem que a Espanha dominou boa parte do território americano; depois houve a penetração de outros países europeus, na etapa de expansão capitalista, no nascimento do capitalismo, e que também a Inglaterra e a França conseguiram algumas colônias.

Passada a luta pela independência, vários países disputaram o território americano e, com o nascimento do imperialismo econômico em fins do século passado e inícios deste século, os Estados Unidos dominaram rapidamente toda a parte norte do continente, a América do Sul e toda a América Central. Ainda persistiram, no sul, outros imperialismos. No extremo sul, na Argentina e no Uruguai, a Inglaterra manteve-se forte até o final da última guerra.

Às vezes nossos países tornaram-se campos de guerras provocadas pelos monopólios de diferentes nacionalidades que disputavam esferas de influência. A Guerra do Chaco é um dos exemplos de luta pelo petróleo entre a Shell, dos grupos ingleses e alemães, e a Standard Oil. Foi uma guerra muito cruenta na qual a Bolívia e o Paraguai passaram quatro anos perdendo o melhor de sua juventude na selva do Chaco.

Há outros exemplos desse tipo: a usurpação pela qual o Peru, representante da Standard Oil, arrebatou uma parte do território equatoriano onde a Shell tinha influência; e também a guerra por outro tipo de produtos. A United Fruit provocou guerras na América Central para dominar territórios bananeiros; também houve guerras no sul, entre o Chile, a Bolívia e o Peru, pela posse das jazidas de nitratos, muito importantes antes de ser descoberta sua produção sintética. Em resumo, quando muito, temos sido atores inconscientes em uma luta entre impérios.

Depois da guerra, porém, os últimos redutos do imperialismo britânico – o alemão já havia sido deslocado anteriormente – cederam passagem ao imperialismo norte-americano.

O fato de se ter dado uma unificação total do domínio econômico da América provocou uma tendência à unidade entre as forças que lutam contra o imperialismo. Cada vez temos de estar mais irmanados nessa luta, porque é uma luta comum, luta que se expressa, por exemplo, agora, na solidariedade de todos os povos a Cuba, porque se está aprendendo aceleradamente que só existe um inimigo, que é o imperialismo, e que aqui na América ele tem um nome: é o imperialismo norte-americano.

A penetração variou muito, de acordo com circunstâncias históricas, políticas, econômicas e talvez, também, de acordo com a proximidade ou distância em relação à metrópole imperialista. Há países que são colônias, totalmente, como o caso do Panamá, o que condiciona seu sistema de vida. Há países que conservam muito mais suas características nacionais e ainda estão numa etapa de luta cultural contra o imperialismo. Neles todos, porém, o denominador comum é o domínio das grandes reservas de materiais estratégicos para suas indústrias, não apenas estratégicos para a guerra, mas também para todas as suas indústrias, e o domínio do sistema financeiro e o quase monopólio do comércio exterior.

A América interessa-nos muito por vários motivos: interessa-nos porque, cultural e historicamente, fazemos parte deste continente; porque fazemos parte de um conglomerado que luta por sua liberdade e, além disso, porque a atitude da América Latina está muito perto de nosso destino futuro e do destino de nossa revolução em seu esforço de expansão ideológica. Porque as revoluções têm essa característica, expandem-se ideologicamente, não permanecem circunscritas a um só país, vão tomando, digamos, usando um termo econômico, ainda que não seja o caso, zonas de influência.

A Revolução Cubana teve uma influência enorme na América. Porém essa influência não ocorreu na mesma medida em cada um dos povos, e nos corresponde a análise dos motivos da influência da Revolução Cubana e dos motivos pelos quais essa influência foi maior em alguns países que em outros.

Para isso teremos de analisar também a vida política de cada um desses países e a atitude dos partidos progressistas em cada um deles, naturalmente com todo o respeito devido, e sem nos meter nos assuntos internos de cada partido, mas fazendo-o detalhadamente, porque essa atitude é muito importante para analisar a situação atual.

Há países que alcançaram um extraordinário grau de aguçamento em suas lutas populares, há países nos quais a luta popular viu-se freada, há países nos quais Cuba é um símbolo sagrado para todo o povo e outros em que Cuba é um símbolo de um movimento libertador que é olhado um pouco de longe.

As origens dessa situação são complexas, mas estão relacionadas sempre com uma atitude em relação à forma de tomar o poder, e estão muito influenciadas pelas soluções dadas a esses problemas. Em alguns casos, também estão relacionadas com o maior ou menor predomínio da classe operária e sua influência e, em outros, pela proximidade com nossa revolução. Podemos analisar esses países em grupos.

No sul da América há dois países de muita importância, sobretudo quanto à sua influência ideológica, e um deles é a Argentina, uma das potências relativamente fortes existentes na América. Ademais, no extremo sul está o Uruguai, que apresenta características muito parecidas. Ambos os países têm produção pecuária, oligarquias muito fortes, e estas, assentadas no domínio latifundiário da terra e na posse do gado, controlavam o comércio exterior, mas agora têm de reparti-lo com os Estados Unidos.

São países com predomínio de população urbana bastante acentuada, embora não possamos dizer, no caso do Uruguai, que haja predomínio da classe operária, pois o Uruguai é um país muito pouco desenvolvido. Na Argentina, existe predomínio da classe operária, mas de uma classe operária que está em situação muito difícil porque está empregada apenas em indústrias de transformação, depende das matérias-primas estrangeiras, e inexiste, ainda, uma sólida base industrial. A Argentina tem um núcleo urbano de enorme preponderância, que é Buenos Aires, com cerca de 30% do total de habitantes, e é um país com cerca de 3 milhões de quilômetros quadrados de território habitável e mais uma parte antártica que está em disputa e não tem valor demográfico.

Esse imenso país tem mais de 6 milhões de habitantes em uma área pouco maior que a de Havana e é a cabeça de toda uma enorme extensão de terra sem cultivo, onde há uma classe camponesa com terras em relativamente grande quantidade e um pequeno grupo de trabalhadores agrícolas que vagam de um ponto a outro, de acordo com as colheitas, de modo semelhante ao dos cortadores de cana que, aqui, podiam colher café em outra época ou buscar a safra de tabaco e alterná-la com outras culturas periódicas.

Na Argentina e no Uruguai, que têm tais características, e no Chile, onde, aí, sim, há grande predomínio da classe operária, tem sido adotada, até agora, a filosofia das lutas civis contra os poderes despóticos, e tem sido proposta, mais ou menos direta e explicitamente, a tomada do poder futuramente por meio de eleições ou de forma pacífica.

Todos conhecem, mais ou menos, os últimos sucessos na Argentina, quando se colocou uma situação de já real domínio de alguns grupos relativamente de esquerda, grupos que representam o setor progressista da classe operária argentina, mas que estão tergiversando muitas das aspirações do povo, por meio de uma camarilha do partido peronista que se encontra totalmente afastada do povo. Não obstante, quando se colocou a situação das eleições, os gorilas, como são chamados os grupos ultrarreacionários do Exército argentino, intervieram e liquidaram a situação.

Algo parecido aconteceu no Uruguai, embora o Exército não tenha força alguma, onde também ocorreu uma espécie de golpe de Estado por parte do ultrarreacionário de turno, que se chama Nardone. A situação criada pelos golpes direitistas e a filosofia da tomada do poder mediante frentes populares e eleições provocam alguma apatia em relação à Revolução Cubana.

A Revolução Cubana mostrou ser uma experiência que não pretende ser a única para a América, mas que é reflexo de uma forma de chegar ao poder. Naturalmente, não é uma forma simpática para as aspirações das massas populares que se encontram muito pressionadas, muito asfixiadas e oprimidas pelos grupos internos de opressão e pelo imperialismo. É preciso, então, dar algumas explicações sobre a Revolução Cubana, e essas explicações de tipo teórico também condicionam uma atitude perante a revolução. Por isso, podemos dizer que existe mais simpatia nos países em que se tomou abertamente a decisão proclamada de assumir o poder mediante o uso de armas. É claro que essa é uma posição difícil de ser tomada e muito controvertida, em que não temos de ter participação direta. Cada país, e cada partido em seu país, deve buscar as formas de luta que a experiência histórica aconselhe; o que acontece é que a Revolução Cubana é um fato de magnitude continental. Pelo menos, a realidade cubana pesa, em cada momento, na vida dos países.

Em todos esses países surgiram o que se chama alas de ultraesquerda, ou, às vezes, são chamados de provocadores que tentam implantar a experiência cubana sem muito pensar se é ou não o lugar adequado, simplesmente tomam uma experiência realizada na América e a levam para cada um dos países. É claro que isso provoca mais atritos entre os grupos de esquerda. A história da defesa de Cuba, nesses países, por parte dos grupos populares, também tem sido uma história interior e, isso é bom que se diga para que vocês compreendam um pouquinho de alguns problemas, história de mesquinharias, de lutas por pequenos avanços no domínio da organização. Por isso, Cuba viu-se envolvida, digamos, sem o pretender, numa polêmica. Digo sem pretendê-la porque a nós basta-nos a experiência e a projeção que temos, não podemos aspirar a dirigir, nunca, a política, a maneira de realizar as revoluções e a forma de chegar ao poder em cada país. Contudo, voltamos a dizer que somos o centro da polêmica.

No Chile, onde os partidos de esquerda têm maior ascendência, uma trajetória bastante vigorosa e uma firmeza ideológica como talvez não haja em outro partido da América, a situação foi semelhante, com a ressalva de que o partido chileno e os partidos de esquerda já se puseram o seguinte dilema: ou se toma o poder pela via pacífica ou surgirá um caminho violento e consequentemente todos se preparão para uma luta futura, luta que, no meu modo de pensar, será travada, porque inexiste uma experiência histórica, e ainda menos na América, nas atuais condições do desenvolvimento da luta entre as grandes potências, e o aguçamento da luta entre o imperialismo e o campo da paz demonstra que não pode haver em nosso continente um ato de entrega de uma posse por parte do imperialismo. Do ponto de vista da estratégia seria ridículo, quando ainda se tem as armas; para isso as forças de esquerda têm de ser muito poderosas e obrigar a reação a capitular. E o Chile, pelo menos, ainda não se encontra nessas condições. Essa é a parte da América do Sul onde a Revolução Cubana apresenta características diferentes para o povo.

Subindo, chegando mais para o norte, entramos nos países em que a Revolução Cubana é realmente um farol para os povos. Podemos deixar de lado a Bolívia, pelo fato de que na Bolívia deu-se há anos uma revolução burguesa muito tímida, muito enfraquecida pelas concessões que teve de fazer em sua economia, totalmente ligada à economia imperialista e totalmente monoprodutora, pois são exportadores de estanho. Sua burguesia teve, na arte, de ser mantida pelo imperialismo. É claro que o imperialismo retira suas riquezas com uma mão e mantém o governo com a outra – e com a quarta parte do que retira – mas criou uma situação de dependência que, apesar dos esforços – em muitos casos pode-se perceber que são esforços sinceros – feitos pelo governo boliviano não consegue superar o jugo imperialista. É mantida, contudo, uma atitude correta diante de algumas propostas cubanas – uma atitude o mais amigável possível nas conferências internacionais e a reforma agrária foram realizadas. Uma reforma agrária muito parcial, que não expropriou as propriedades do clero, em que as cooperativas não têm realmente um grande desenvolvimento e são, principalmente, cooperativas de tipo tradicional, baseadas nas experiências anteriores do comunismo primitivo dos índios da região, as quais se mantiveram por meio da tradição e a qual lhes permitiu traçar seus tipos de cooperativas baseados nesses princípios do comunismo primitivo. Contudo, é um país no qual a luta não se manifesta tão duramente, porque os elementos são diferentes, já não se trata da luta direta das massas oprimidas de camponeses e operários contra o imperialismo, mas contra uma burguesia nacional que fez uma série de concessões, sobretudo derrotando os setores feudais, os latifundiários locais, de modo que a luta de classes não é tão aguda. Próximo, porém, está o antigo rival da Guerra do Chaco, o Paraguai.

O Paraguai é um país onde neste momento existem guerrilhas, um país muito pobre, com aproximadamente 1,5 milhão de habitantes, com um território muito maior que o de Cuba, com selvas imensas e com apenas um pouco de gado e alguns produtos agrícolas. É um país de doenças endêmicas terríveis como a lepra, enormemente difundida, onde a civilização restringe-se a apenas três ou quatro cidades relativamente grandes. Já houve experiências guerrilheiras naquelas matas. As mais importantes, as mais sérias do ponto de vista ideológico, foram dirigidas por uma frente popular revolucionária com a participação, em alguns casos importantes, do Partido Comunista Paraguaio. Suas guerrilhas foram sistematicamente derrotadas. Acreditamos que foram cometidos erros táticos na condução da luta revolucionária, que tem uma série de leis que não se pode violar. Mas os levantes continuam acontecendo. Atualmente há pessoas que se encontram nas matas por imperativo das circunstâncias, já que estão distantes das fronteiras e seriam mortas caso se entregassem. O Paraguai é um país ideal para a guerra de guerrilhas. Bastante rico, no que se refere à agricultura, de enormes condições naturais, onde não há elevações muito pronunciadas, mas existem matas e rios muito grandes e zonas de operações muito difíceis para os exércitos regulares a par de zonas bastante apropriadas para a luta com a ajuda da população camponesa. Há ali uma ditadura de extrema direita que anteriormente era muito influenciada pela oligarquia argentina, era uma semicolônia da Argentina, mas que passou a uma dependência direta dos Estados Unidos, com as últimas penetrações do capital norte-americano. Mantém-se uma ditadura bestial com todos os germes de uma luta popular que pode ser realizada intensamente, em curto prazo.

Um pouco mais acima está o Peru. O Peru é um dos países que precisamos observar atentamente no futuro. Apresenta características muito especiais: tem cerca de 80% de sua população com origem indígena ou mestiça, ao mesmo tempo que há uma separação racial muito grande. Ali o branco é o dono da terra e dos capitais; o mestiço – ou *cholo* – é, geralmente, o capataz do branco, e o índio é o servo da gleba.

No Peru ainda se vendem as fazendas com seus índios. As fazendas são anunciadas nos jornais com tantos trabalhadores ou tantos indígenas, os quais têm a obrigação de trabalhar para o senhor feudal. É uma situação tão miserável que quem não esteve nessa região não pode imaginá-la.

No Peru dá-se o único caso na América de uma grande região agrícola onde os partidos de esquerda – é a única zona de influência do Partido Comunista – têm uma influência decisiva e uma preponderância absoluta. No Peru e na região indígena de Cuzco. Há anos, a cidade de Cuzco foi tomada pelas armas, mas as condições revolucionárias não estavam dadas e houve uma trégua tácita, os sublevados entregaram a cidade e os opressores – as tropas do governo – não exerceram represálias. Essa situação de tensão continuou, e é uma das regiões onde a revolução ameaça, ou, dizendo melhor, onde há esperanças de uma revolução na América. Mas todo o Peru está em uma situação parecida, essa situação a que me referi de miséria e de extrema opressão, característica essencial dos Andes, intensamente povoado por seres humanos e que é, também, um elemento para a direção da revolução. Nessa região não se fala o castelhano, fala-se o quechua e o aimará, que são as línguas mais comuns e que também entre si têm um fundo comum. Quem quiser se comunicar com os indígenas tem de saber falar essas línguas, senão a comunicação será impossível. As nacionalidades ultrapassam as fronteiras que separam os países. O aimará da Bolívia entende-se muito melhor com o aimará do Peru do que com o branco da Bolívia ou do Peru. Os próprios colonizadores, e depois os imperialistas, preocuparam-se em manter essa situação, de tal modo que há uma afinidade natural entre esses dois países, assim como no norte, entre as regiões peruanas dos *collas* e dos quechuas e a zona equatoriana, chegando em alguns casos até à Colômbia. Em todos esses países existem línguas oficiais como línguas dominantes.

São países de uma geografia extraordinariamente cambiante. O Peru tem três cadeias montanhosas cruzadas por vales e sua metade oriental desemboca na grande planície amazônica, onde se forma o que no Peru é chamado de montanha, zonas de cordilheiras de altura média e com clima subtropical semelhante ao de nossas montanhas, mas com condições naturais mais difíceis.

A burguesia muito pouco desenvolvida existente no Peru encontra-se toda na costa. E a costa é uma pequena faixa desértica que corre paralela a uma zona montanhosa muito alta. Entre o ponto mais alto da cordilheira ocidental no Peru e o nível do mar há 5 mil metros de altura, sendo que a distância em linha reta é de 100 quilômetros. Isso quer dizer que para subir tem-se de fazer um verdadeiro caracol. Também ali têm-se dado sublevações sobre as quais vocês devem ter ouvido falar, há um mês ou dois, na zona mineira do centro do país. No Peru há uma mineração desenvolvida, e vocês sabem que o mineiro é, geralmente, um indivíduo de alta combatividade. Nem sempre de alta consciência política, dadas as condições em que se encontra o país, mas certamente de alta combatividade. O Exército peruano é formado por uma classe, uma casta de oficiais, e por uma multidão de índios; produzindo-se uma sublevação séria, não há forma de reprimi-la.

As condições no Equador são as mesmas, com uma diferença, a burguesia ou parte da burguesia equatoriana tem muito mais influência nas cidades e têm com muito mais clareza acerca da necessidade da revolta. Vários líderes desses grupos de esquerda equatorianos estiveram em Cuba e foram muito influenciados pelos efeitos e resultados da Revolução Cubana. É claro que há também um forte exército repressivo e os norte-americanos têm unidades de suas tropas diretamente estacionadas no Equador. Acredito que também é um país onde rapidamente dar-se-ão lutas revolucionárias intensas. Continuando pela Sierra Maestra do continente, que é a Cordilheira dos Andes, existe um país, a Colômbia, que está há 12 anos em guerra contínua, com temporadas de maior ou menor incremento da guerra, mas há 12 anos. As guerrilhas colombianas cometeram alguns erros que impediram que cristalizassem um triunfo popular semelhante ao de nossa revolução. Um dos problemas que tiveram é o da falta de direção ideológica. As guerrilhas dispersas, sem um comando central semelhante ao de Cuba, sujeitas à direção pessoal dos caudilhos da região, para sobreviver, começaram a cometer os mesmos roubos e assassinatos de seus rivais e, naturalmente, acabaram caindo no bandoleirismo. Houve uma série de grupos guerrilheiros que adotaram a posição de autodefesa e se limitavam a defender-se quando atacados pelo governo. Mas toda essa situação de guerra até a morte fez com que as guerrilhas que adotaram a atitude de autodefesa fossem, pouco a pouco, debilitadas e algumas delas, totalmente exterminadas.

O movimento guerrilheiro voltou a surgir atualmente na Colômbia e surgiu sob a influência absoluta da Revolução Cubana. Houve um grupo de jovens que fez algo semelhante ao 26 de Julho no primeiro momento, é o chamado MOE, e tem uma série de tendências anárquicas de direita, por vezes matizadas com ideias anticomunistas, mas que refletem um germe de decisão de luta. Alguns de seus líderes estiveram em Cuba, e talvez o mais decidido e entusiasta de seus líderes tenha sido o companheiro Larrota, que inclusive esteve conosco durante a invasão de abril e pouco tempo antes e o qual foi assassinado ao retornar à Colômbia. Provavelmente o MOE não tenha importância como movimento político e talvez em alguns casos seja perigoso, mas é uma demonstração do que acontece. A Colômbia é um caso claro de partidos de esquerda que tentam frear o movimento insurrecional para levá-lo ao leilão eleitoral em uma situação absurda de existência de apenas dois partidos legais que têm de se alternar no poder. Em condições tão absurdas, para os revolucionários colombianos mais impetuosos, é simplesmente uma perda de tempo participar das eleições e, por isso, apesar dos empecilhos colocados, está se desenvolvendo uma luta que já deixou o estado latente para se tornar luta aberta em vários pontos do país.

É difícil predizer se a luta na Colômbia é ou não importante, exatamente por inexistir um movimento de esquerda bem estruturado que dirija essa luta. Trata-se de impulsos que estão sendo dados, mas que não têm uma condução ideológica, e isso é muito perigoso. Assim, não sabemos onde pode chegar, mas sabemos que cria naturalmente condições para um desenvolvimento futuro de uma luta revolucionária bem estruturada na Colômbia.

A situação na Venezuela é muito mais ativa. O Partido Comunista e o Movimento de Esquerda Revolucionária estão à frente de um movimento de libertação pelas armas, e a guerra civil já praticamente se estabeleceu. Deve nos interessar muito esse movimento venezuelano. Além de vê-lo com muita simpatia, devemos vê-lo com muita atenção. Surgiram, até mesmo, algumas divergências táticas na forma de encarar a luta. Influenciados por nossa experiência, praticamente nascidos, como nação, de uma experiência unilateral, sempre preconizamos uma luta guerrilheira alicerçada nos núcleos camponeses e a tomada das cidades a partir do campo; isso, baseados na grande fome de terra de nossas massas, na extrema debilidade dos exércitos mercenários para se mover nos grandes territórios da América, na falta de eficiência do imperialismo para atacar as forças populares nas zonas favoráveis para a guerrilha, enfim, na incapacidade do governo de mover-se além dos núcleos povoados. Alguns companheiros venezuelanos deram sua opinião, várias vezes, de que se pode fazer algo violento na Venezuela porque existem condições especiais, porque existem núcleos militares que apoiam uma insurreição, um movimento violento; os resultados parciais foram vistos na última tentativa em Carúpano. Demonstrou-se ali, uma vez mais, que os militares profissionais da América servem apenas para uma coisa, em revolução: dar armas para o povo. A única missão possível de um grupo do exército é a de deixar-se desarmar. Daí para frente, é preciso deixá-lo tranquilo e, no máximo, extrair elementos isolados.

Os fuzileiros navais que se sublevaram são incapazes de dar um passo no interior do país. Essa é uma região que não conheço exatamente, embora conheça regiões próximas, mas é uma região onde as montanhas e as matas estão próximas e são impenetráveis, onde a guerrilha cria uma situação imensamente difícil, pois estaria próxima de portos exportadores de petróleo, como o de Caripito, e ameaçaria uma das regiões econômicas básicas da Venezuela. Todavia, os fuzileiros navais não deram um passo fora do quartel e se renderam quando ficou evidente que as tropas leais eram superiores em número. Nessas condições não se pode fazer uma revolução. A luta guerrilheira, vocês o sabem, é uma luta lenta em que as batalhas se sucedem com uma sequência também lenta. Suas maiores dificuldades não são a ação direta do inimigo, mas a luta contra a inclemência do clima, contra a falta de provisões, contra a falta de medicamentos, a luta para penetrar ideologicamente as massas camponesas, a luta política para incorporar as massas ao movimento popular, o avanço gradual da revolução e, no caso da Venezuela, certamente, a intervenção norte-americana para defender suas possessões petrolíferas; tudo isso são coisas que condicionam a luta guerrilheira. O caminho adotado na Venezuela dessa vez, e só se pode falar dessa vez, foi o de tentar dar um golpe violento mediante algumas unidades do exército. Caso tivesse triunfado, seria o triunfo de uma parte do Exército contra outra. Que teria feito o exército? Algo muito simples: perdoar a facção derrotada, manter suas condições de casta, todos os seus privilégios de casta e, além disso, o domínio de classe no país, porque é a classe exploradora que tem as armas e mantém esse exército de exploração. Ao triunfar uma parte do exército sobre a outra, a constitucional sobre a anticonstitucional (se se quer chamar assim), dá-se apenas um pequeno choque entre os grupos de exploradores, uma contradição que no atual momento da América nunca chega a ser decisiva. E o imperialismo mantém seus instrumentos de exploração. Por isso, uma das premissas da Revolução Cubana é a de destruir o Exército, imediatamente, como condição indispensável para tomar o poder de modo sério.

Há outro país da América do Sul que também está em uma situação estranha e instável, que é o Brasil. Como vocês sabem, o Brasil é o maior país da América Latina; é o terceiro país do mundo em extensão e a maior reserva de matérias-primas dos norte-americanos. Além disso, tem 60 milhões de habitantes – é uma verdadeira potência. O Brasil já transforma suas matérias-primas, todas dominadas pelos capitais norte-americanos, e lá se veem todas as contradições da América.

Também se notam duas tendências entre as forças de esquerda: as forças partidárias de uma revolução ou um caminho mais pacífico e institucional para a tomada do poder, e as forças de esquerda representadas pelas massas de camponeses do Nordeste, principalmente, que estão dispostas a tomar o poder contra a oposição da burguesia (a burguesia quase não se opõe ao imperialismo, que é o grande inimigo). Na verdade, esse país é constituído de vários países. O Nordeste é um país; é uma região muito pobre, densamente povoada, com secas tremendas e com um campesinato combativo e bastante numeroso. Há uma região deserta ocupada por selvas e por pequenas extensões agrícolas em todo o centro do país e, ao sul, está a região industrial cuja capital real é São Paulo, e o Rio de Janeiro. Essas são as cidades mais importantes do Brasil. A região do norte é a região rebelde por excelência; é a região onde a exploração chegou a tal extremo que os camponeses não aguentam mais: todos os dias chegam notícias da morte de alguns companheiros do Brasil em sua luta contra os latifundiários.

Depois da renúncia de Quadros, da tentativa de golpe dos militares, chegou-se a uma situação de acordo. O governo atual é um governo que está no poder por um acordo entre os grupos exploradores, entre a burguesia nacional brasileira e o imperialismo.

É um acordo que, naturalmente, será rompido quando os inimigos puderem pôr-se a lutar entre si. Se não o fizeram até agora, abertamente, é porque existe um grande inimigo, que é o povo brasileiro.

Vocês se lembram de que, quando da renúncia de Quadros, Fidel falou aqui e explicou mais ou menos o que o povo brasileiro devia fazer. Essas palavras que chegaram através do éter ao povo brasileiro provocaram muitas inquietações e

alguns as entenderam como uma intromissão de nosso governo, de nosso primeiro-
-ministro, nos assuntos internos do Brasil. Acreditamos que, certamente, esse tipo
de opinião é a opinião que um revolucionário deve dar em momentos de tanto
perigo e de tanta necessidade de decisão como aquele. Se no Brasil tivesse sido
ganha uma batalha decisiva, o panorama da América mudaria rapidamente.

O Brasil tem fronteiras com todos os países da América do Sul, menos com
o Chile e o Equador; com todos os demais o Brasil tem fronteiras. Tem uma
enorme influência e realmente é um lugar para se travar uma batalha, e devemos
considerar sempre, em nossas relações com os países americanos, que somos parte
de uma única família, família com características mais ou menos especiais, mas
não podemos esquecer nosso dever de solidariedade e nosso dever de opinar em
alguns momentos específicos. Não se trata de ficarmos nos intrometendo toda
hora nem estarmos dando cansativamente nosso exemplo, exemplo que não pode
ser seguido em todos os países, mas devemos opinar. Não que naquele momento
estivesse se debatendo, no Brasil, a sorte do continente americano – podia-se
perder parte da batalha brasileira, como de fato se perdeu sem que nada aconte-
cesse – mas era realmente um momento de tensão. Caso aquela batalha tivesse
sido ganha, teríamos ganhado muito. O que ocorreu no Brasil não foi um triunfo
das forças populares, foi simplesmente um acordo, acordo no qual o grupo que
tem o poder – as armas, a decisão de usá-las e, além disso, uma grande clareza
sobre o que é preciso fazer – cedeu parte das prerrogativas alcançadas naquele
momento para tentar tomá-las em outro, e aí o choque terá de acontecer. Este
ano se mostrou um ano de choques violentos entre as forças populares e as forças
opressivas; os anos vindouros serão do mesmo estilo. Ninguém pode profetizar em
que ano e em que momento, em cada país da América, vai-se produzir um embate
entre as forças. Porém é claro que as contradições estão se aguçando cada vez
mais e estão se dando as condições subjetivas tão importantes para o desenvolvimento da revolução. Essas condições subjetivas são fundamentalmente duas: a
consciência da necessidade de realizar uma mudança social urgente para liquidar
a situação de injustiça e a certeza da possibilidade de realizar essa mudança. Todo
o povo da América está se preparando para realizar essa mudança. A preparação é
feita por meio de sublevações de grupos, de lutas diárias, por vezes, legais, outras,
ilegais. Por vezes em luta aberta, outras, clandestina. É, porém, um treinamento
constante do povo que se exerce por meio de todas as vias possíveis, mas que vai
amadurecendo em qualidade, intensidade e que anuncia batalhas muito grandes
na América.

A América Central é um só país com as mesmas características, um grande
domínio imperialista e um dos lugares onde a luta popular já alcançou um
clímax. É, porém, um lugar onde os resultados são difíceis de serem precisados
e não creio que, a curto prazo, sejam muito alvissareiros, em razão do domínio

tão grande dos norte-americanos. Na Guatemala, viu-se um relativo fracasso das forças progressistas, e o México está se tornando, a passos gigantescos, uma colônia ianque. Existe certa burguesia mexicana, mas já se acertou com o imperialismo. É um país difícil que foi profundamente corrompido pela chamada revolução mexicana e no qual não se pode prever ações importantes contra o governo.

Temos centralizado nossa atenção sobre os países que entraram em contradição conosco mais intempestivamente e nos quais se criaram condições especiais para a luta. Respondemos à agressão com nossos meios de difusão, explicamos às massas, quanto pudemos com nossos meios, o que se podia fazer e o que esperamos.

Não esperamos como quem simplesmente ocupou um lugar na plateia e se pôs a observar a luta; não somos espectadores dessa luta, somos parte da luta – e parte importante. O destino das revoluções populares na América está intimamente ligado ao desenvolvimento de nossa revolução. Naturalmente, temos amigos mais poderosos do que todas as forças da América, e os norte-americanos sabem que nos atacar diretamente significa pôr em sério risco todo seu território. Escolheram, porém, e a têm seguido com bastante meticulosidade, a política de isolar-nos da América. Primeiro, os laços econômicos, que na América são frágeis; somente com o Chile adquirem alguma importância. Depois o rompimento de relações com a maioria dos países; e continuará, não acreditem que parará por aí. Agressões como essa que parece que vão fazer na Jamaica, impedindo-nos de competir, significam tentar liquidar a influência da Revolução Cubana, liquidando o contato. Da mesma forma que os jesuítas põem uma sotaina larga para que seus desejos fiquem escondidos debaixo da sotaina, da mesma forma pretendem fazer conosco, pôr-nos um capuz para que ninguém nos veja e nossa maléfica influência não se exerça.

É muito importante lutar contra isso porque nosso contato com a América depende também da forma com que o povo da América reage diante dos ataques do imperialismo, e dessa forma de reagir depende boa parte de nossa segurança. Não nos esqueçamos de que o imperialismo não se engana, muitas vezes. O imperialismo sabe ou não sabe o que a União Soviética pode fazer para nos defender? Creio que sabe, porque se não soubesse já nos teria atacado. Mas ele pode se enganar, e o que nós não podemos permitir é que o imperialismo se engane dessa vez, porque se ele se enganar vai destruir o imperialismo até as raízes; mas também vai sobrar muito pouco de nós, e por isso temos de ser lutadores pela paz e defensores convencidos da paz. Convencidos porque vai doer em nosso próprio couro, se a paz for rompida. E é por isso que estamos falando com tanta liberdade sobre as revoluções populares; porque as revoluções, as lutas populares são, por paradoxal que possa parecer, a forma de defender a paz.

O imperialismo não pode lutar com todo um povo armado; tem de chegar a algum tipo de acordo. Não lhe convém, além disso, testar sua guerra contra algo que não existe, e por isso trata de criar guerras entre nações. O imperialismo ganha é em guerras locais, entre nações, já que pode vender seu material bélico, hipotecar os países, vender aos dois ou a um país. Enfim, depende das circunstâncias; provar sua maquinaria bélica, experimentar sua tática, experimentar os novos inventos lhes é conveniente. Agora, uma guerra popular, com exércitos que aparecem e desaparecem nas primeiras etapas, com frentes de luta inexistentes; uma guerra como a que existe hoje no sul da Indochina, em que a 40 quilômetros de Saigon foi declarada a zona de morte, isto é, a 40 quilômetros da capital já é território da guerrilha... Essa é a guerra que os imperialismos não podem sustentar, que não lhes ensina nada porque, se aspiram a defender seus privilégios, não podem aprender nada lutando contra universidades fracionadas, em lugares onde não existe um inimigo visível. Eles teriam de fazer uma guerra contra a União Soviética, lutando com foguetes atômicos e com um tipo de estratégia totalmente diferente.

O imperialismo, embora não agonize, porque na verdade vai perdendo pouco, perde pontos de apoio. Não se pode esquecer uma coisa importante: os norte-americanos são bastante previdentes, não são estúpidos como parecem. Enganam-se, é verdade, mas não são tão estúpidos quanto parecem. Deram-se conta há anos de que suas reservas estão diminuindo – os Estados Unidos são um país riquíssimo, mas suas reservas estão diminuindo – e começaram a procurar reservas em todo o mundo. Perto da Indochina, por exemplo, estão as reservas de estanho; na Malásia e no Peru há uma série de reservas; na Bolívia também há estanho; no Peru e no Chile há cobre em grandes quantidades; no Peru há, também, ferro; na Argentina, entre outras coisas, há urânio que, creio, estão levando também; no México há enxofre; na Venezuela, petróleo, e é isso que move toda a máquina imperialista. Eles necessitam de todo o continente americano para se manter e das regiões da Ásia e da África que estão dominando, além disso. Por que a luta no Congo? No Congo há urânio, no Congo há cobre, diamantes e toda uma série de riquezas naturais. Eles lutaram duramente no Congo, desalojaram o imperialismo belga e ficaram ali. Essa é a política que os Estados Unidos estão seguindo no mundo inteiro, preparando-se para sobreviver nos anos que vêm.

Assim, tirar seu sustento, tirar a base econômica do imperialismo, significa debilitá-lo, debilitá-lo em sua própria essência. Porque não se pode esquecer de que o imperialismo funciona extraterritorialmente, que os Estados Unidos já não são uma potência que trabalha somente nos Estados Unidos. Seus capitais estão no mundo todo e eles jogam com seus capitais, tiram-nos e põem-nos de tal modo que esse debilitamento da base econômica do imperialismo ajuda a romper sua fortaleza e ajuda a paz, a paz mundial, a paz global, que é o que nos interessa. Por isso, temos de evitar que o imperialismo se equivoque. Até agora temos anunciado uma série de passos que íamos dar em resposta ao que eles deram, demos esses passos, e lhes doeram. Avisamo-los várias vezes. Eles sentem a rádio que temos aqui em Havana, por exemplo, sentem-na no coração. Porque essa rádio mete-se por toda a América, os camponeses de toda a América estão ouvindo a rádio, e o que essa rádio os faz saber é coisa que só tem em filmes. De modo que lhes mostramos nossa força, nossa modesta força, e temos de fazer que se lembrem de nossa força.

Claro que, apesar de tentar isolar-nos, tentam golpear-nos aqui. Como? Com atos de sabotagem como os que têm acontecido nos últimos dias e procurando influir sobre as pessoas para criar o clima; o clima é uma coisa muito especial. Vocês conhecem o caso da Hungria, um caso interessante sobre alguns erros do governo popular. Imediatamente desencadeou-se uma contrarrevolução paga, preparada e deflagrada pelos ianques.

Aqui na América aconteceu um caso que tem muita semelhança, embora não fosse um governo com as características do governo popular húngaro: o caso da Bolívia.

Na Bolívia havia um governo burguês, contrário aos norte-americanos, pelo menos, encabeçado pelo major Villaroel. Advogava a nacionalização das minas e uma série de medidas e aspirações do povo boliviano. Esse governo acabou do modo mais terrível, o major Villaroel foi enforcado, em um sinal luminoso na praça, pelo povo. E era um governo popular. Por quê? Porque os especialistas norte-americanos sabem manejar determinadas debilidades que surgem no seio dos governos, por mais progressistas que sejam. E nós andamos pelo caminho das debilidades um bom tempo, e todos vocês têm sua parte de culpa nisso. Parte mínima, é claro, porque muito mais culpados fomos nós, dirigentes do governo, com a obrigação de sermos perspicazes. Contudo, andamos por esse caminho que foi chamado de sectário e que é muito mais que sectário, é estúpido; o caminho da separação das massas, o caminho da ligação, por vezes, rígida de medidas corretas a medidas absurdas; o caminho da supressão da crítica não só por parte de quem tem legítimo direito de fazê-las, o povo, como a supressão da vigilância crítica por parte do aparelho do Partido, convertido em executor e que, ao converter-se em executor, perdeu suas características de vigilância, de fiscalização, e isso nos levou a sérios erros econômicos. Lembrem-se de que na base de todos os movimentos políticos está a economia, e nós cometemos erros econômicos, isto é, entramos pelo caminho que interessava ao imperialismo. Agora eles querem destruir nossa base econômica por meio do bloqueio; e com tudo isso nós os íamos ajudando.

E por que digo que vocês têm sua parte de culpa? Por exemplo, os Comitês de Defesa, uma instituição que surgiu no calor da vigilância popular, que representava a ânsia do povo por defender sua revolução, converteram-se em um faz-tudo, em símbolo da imposição, em esconderijo do oportunismo. Foi-se convertendo em uma organização antipática ao povo. Acho que hoje posso dizer, com muita razão, que os CDRs são antipáticos ao povo. Aqui eles tomaram uma série de medidas arbitrárias, mas aqui não se viu tanto, e isso não é tão importante para nós. O campo, nossa base, local de onde saiu nosso exército guerrilheiro, lá nutrido durante dois anos; o campo, que triunfou sobre as cidades, nós o descuidamos totalmente, atiramo-lo ao abandono e o deixamos em mãos dos CDRs. Comitês de Defesa da Revolução cheios de oportunistas de toda laia que não se preocuparam um minuto sequer com o prejuízo que estavam causando à revolução. E como tudo é parte de uma luta, o imperialismo começou a trabalhar sobre isso, a trabalhar cada vez mais, e trabalhou muito bem; criou, em algumas regiões, um verdadeiro antagonismo entre a revolução e alguns setores da pequena burguesia que foram excessivamente angustiados pela ação revolucionária. Tudo isso nos dá uma lição que temos de aprender e, além disso, estabelece uma grande verdade, a de que os corpos de segurança, de qualquer tipo, têm de estar sob controle do povo.

Às vezes pode parecer, e às vezes é, imprescindível tomar medidas expeditas com o consequente risco de ser arbitrário. É lógico que em momentos de excessiva tensão não se pode usar de panos quentes, e prendemos muita gente sem saber exatamente se eram culpadas. Na Serra, fuzilamos muitas pessoas sem saber se eram totalmente culpados, mas há um momento em que a revolução não podia parar para averiguar demasiado, tinha a obrigação sagrada de triunfar. Nos momentos em que as relações naturais entre as pessoas já voltam a ter sua importância, temos de dar um passinho atrás e estabelecer essas relações, não seguir com as relações do forte e do fraco, do falei e pronto. Em primeiro lugar porque não é justo, e em segundo – e muito importante –, porque não é político. Assim como os CDRs se transformaram em organismos antipáticos, ou pelo menos perderam grande parte do prestígio e carinho que tinham, os corpos de segurança podem sofrer o mesmo; na verdade cometeram erros do mesmo tipo.

Temos a grande virtude de termos evitado cair na tortura, em todas as coisas tremendas em que caíram muitos países, defendendo princípios justos. Estabelecemos um princípio que Fidel sempre defendeu muito, o de não tocar nas pessoas, mesmo quando as fuzilávamos no ato. Pode ser que tenha havido exceções – não conheço nenhuma exceção –, mas o fundamental é que esse corpo manteve essa atitude. E isso é muito importante, porque aqui tudo se sabe, mesmo o que nós nem dizemos pelo jornal, tudo o que nem sequer queremos saber, sabemos depois. Chego a minha casa e minha mulher me diz: "Olha, fulano meteu-se na embaixada"; ou: "Olha, um soldado atirou num ônibus". Tudo se sabe e, assim, sabe-se também das desordens e das más ações de uma corporação, por mais clandestina que seja, por mais subterrâneo que trabalhe. O povo conhece muitas coisas e sabe apreciá-las.

Vocês têm um papel importantíssimo na defesa do país, mas menos importante do que o desenvolvimento da economia, lembrem-se, menos importante. Para nós, é muito mais importante ter verduras do que ter vocês, mas de toda forma vocês têm um papel importante, e é preciso saber desempenhá-lo. Isso porque ainda temos batalhas muito duras e não sabemos por quanto tempo; porque todos nós temos de colocar nossa vida à disposição da revolução, em um ou em outro campo, com maior ou menor urgência, em um futuro mais ou menos próximo.

Mas as batalhas continuarão. Até que grau de tensão, até que grau de batalha aberta, até que grau de profundidade, não o posso dizer; não sou profeta. Todo meu desejo, toda minha ambição, é de que não seja até um grau extremo. Se for até o grau extremo, realmente nem a atuação de vocês nem a minha terá muita importância para o desenlace final. Mas, se não o for, e todos nós não apenas desejamos, mas lutamos para que não o seja, se o imperialismo puder ser mantido onde está, se puder ir reduzindo sua agressividade – porque, como dizia Nikita, o elefante é forte, embora o tigre continue sendo tigre –, então a tarefa de vocês adquire a importância que tem, a de descobrir o que acontece, o que o inimigo prepara e também a de saber informar o que o povo sente. Vocês podem ser grandes informantes, para o governo, do que o povo sente. Mas já ocorreu, por exemplo, em Matanzas, que os chefes da revolução saíram com umas cordas pelo povoado dizendo que o INRA fornecia a corda e que o povo devia indicar os enforcados. E não houve nenhuma informação, pelo menos não li sobre isso ter acontecido. Não se soube cumprir o dever e o corpo de segurança nem sequer descobriu que estavam acontecendo coisas como essa. Isso é como o exemplo do chamado terror vermelho, que se tentou impor em Matanzas, contra o terror branco, sem se dar conta de que o terror branco só existia na mente de alguns per-vertidos. Fomos nós que desatamos o terror branco com nossas medidas absurdas e depois introduzimos o terror vermelho. Em Matanzas ocorreu um caso curioso e triste das medidas absurdas que um grupo revolucionário pode tomar quando não tem controle. Mas isso não pode se repetir e todos temos de permanecer vigilantes para que não se repita. Contrarrevolucionário é todo aquele que vai contra a moral revolucionária, não se esqueçam disso. Contrarrevolucionário é aquele que lutou contra a revolução, mas também é contrarrevolucionário aquele senhor que, valendo-se de sua influência, consegue uma casa, depois consegue os carros, depois viola o racionamento, depois tem tudo o que o povo não tem, ostente-o ou não, mas o tem. Esse é um contrarrevolucionário, a esse, sim, é preciso denunciar imediatamente, assim como ao que utiliza suas influências, boas ou más, para proveito pessoal ou de suas amizades. Esses são contrarrevolucionários e é preciso persegui-los, mas persegui-los com sanha, persegui-los e aniquilá-los.

O oportunismo é um inimigo da revolução e floresce em todos os lugares onde não houver controle popular. Por isso é tão importante controlá-lo nos corpos de segurança. Nos corpos em que o controle é exercido muito de cima, em que, pela própria atividade do corpo, não pode haver o controle de cada um dos passos, de cada um dos membros, ali, sim, é preciso ser inflexível, pelas mesmas duas razões. Porque é de justiça, e fizemos uma revolução contra a injustiça; e porque é político fazê-lo, porque todos os que, falando de revolução, violam a moral revolucionária, não apenas são traidores potenciais da revolução como, além disso, são os piores detratores da revolução. Porque as pessoas os veem e sabem o que fazem. Mesmo quando nós mesmos não conhecemos essas coisas ou não queremos conhecê-las, as pessoas as conhecem. E assim nossa revolução, caminhando por essa vereda errada, porque caminhou uns quantos meses, foi dilapidando aquilo que tem de mais sagrado, a fé que se tem nela. E agora teremos de voltar a trabalhar todos juntos, com mais entusiasmo do que nunca, com mais autoridade do que nunca, para recuperar o que dilapidamos. É uma tarefa dura, percebe-se; o entusiasmo desse ano não é o mesmo do ano passado; há algo que se perdeu e que não é fácil recuperar. Criar a fé nos homens e na revolução, nos momentos que Cuba vivia, era fácil. Agora, depois que essa fé foi traída e se enfraqueceu, fazer que seja recuperada não é fácil. Agora vocês têm de trabalhar para isso; ao mesmo tempo de têm de ser inflexíveis com a contrarrevolução; ao mesmo tempo ser herméticos em tudo que seja assunto do Estado e vigiar e considerar sempre que Cuba é uma parte da América, para fazer qualquer análise que tenham de fazer. A qualquer hora, Cuba deve ser para vocês uma parte da América, uma parte diretamente ligada à América. Aqui se fez uma experiência que tem transcendência histórica e a qual, ainda que não o quiséssemos, transferir-se-á para o continente. Alguns povos já a encarnaram, outros o farão. A Segunda Declaração de Havana terá uma enorme importância no desenvolvimento dos movimentos revolucionários da América. É um documento que chamará as massas à luta. Guardando o respeito que se deve ter para com os grandes documentos, é como um manifesto comunista deste continente e desta época. Baseia-se em nossa realidade e na análise marxista de toda a realidade da América.

Por isso pareceu-me correto conversar com vocês um pouco, esta noite, sobre a América. Perdoem-me não ter sido mais convincente por falta de dados, por não ter sido mais abundante no aspecto econômico da luta, o qual é tão importante. Teria sido muito interessante, para mim, pelo menos, não sei se para vocês, trazer toda uma série de dados que explicam a penetração imperialista, que explicam de modo diáfano a relação existente entre os movimentos políticos e a situação econômica de nossos países; como a tal penetração corresponde tal reação e como tal penetração é dada, também, em razão de tais antecedentes históricos ou econômicos. O desenvolvimento das lutas do imperialismo para penetrar a burguesia americana, em alguns lugares, ou de impérios entre si, é resultado da monopolização absoluta das economias por parte dos Estados Unidos e do fato de que toda a economia da América depende de lugares comuns. Como Colgate, por exemplo, é uma palavra que se repete em quase todos os países da América, assim como Melhoral, Palmolive ou milhares desses artigos de consumo nosso de todos os dias. O imperialismo utilizou-se desses artigos de consumo nosso de todos os dias. O imperialismo utilizou nosso continente como fonte de matérias-primas e de expansão para seus monopólios. Mas isso também criou nossa união, união que tem de ser sagrada, união que temos de defender e alimentar.

Como moral, digamos, dessa conversa, fica o fato de que vocês devem estudar mais a América Latina. Notei que, em geral, hoje em dia, conhecemos mais qualquer outro lugar do mundo do que a América Latina, aqui em Cuba. E isso é falso. Estudando a América Latina aprendemos também a nos conhecer um pouquinho, a nos aproximar mais e conhecer melhor nossas relações e nossa história. Estudar a América Latina significa estudar a penetração imperialista, ou seja, estudar sua economia. Aí será vista a origem de tudo que acontece hoje.

(Discurso aos membros do Departamento de Segurança do Estado,
18 de maio de 1962)